弱虫でいいんだよ

辻信一　Tsuji Shinichi

★――ちくまプリマー新書

246

目次 ＊ Contents

扉イラスト／瀬山直子

はじめに

　これからきみたちと一緒に、「弱さ」について考えていこうと思う。「弱さ」の反対は「強さ」だ（ということになっている）から、「弱さについて考えること」は「強さについて考えること」と切り離すことができない。

　言っておかなければならないのは、「弱さ」や「強さ」について考えるのは易しくはないし、なかなか面倒だ、ということ。きみがもし、その難しさにもう気づいているなら、幸いなことだ。というのは、この難しさのことさえクリアしてしまえば、もうそれだけで、きみは「強さ」や「弱さ」のことが半分はわかったと言えるくらいなのだから。「弱さ」について考えることの難しさの大半は、その入り口のところにある、と言ってもいい。その難しさとして、主なものを二つ挙げておこう。

　難しさの第一は、だれも「強い」「弱い」という言葉を難しいと思っていないこと、単純で、だれにでも明快な、わかりきった言葉だと思いこんでいることだ。では「強弱」がどんなふうにわかりやすいかと言えば、それは「大小」とか、「長短」とかがわかりやすいのと同じだ。つまり、大小や長短が計測できるように、どちらが強くて、どちらが弱いかも数値によって客観的に示せる、と考えられている。

でも、もちろんそれはおかしい。確かに、握力や腕力の強さ、風の強さなどは計って数値で示すことができるかもしれないが、意志の強さとか、願望の強さを計測することはできない。つまり、強さや弱さというものは単に多いか少ないかという量の問題ではなく、質の問題でもある。

そんなのはあたりまえだときみは思うかもしれないが、しかし、世の中には強弱をただ量的なものとしてとらえる変な傾向が支配的なのだ。だから、「弱さ」についてよりよく理解しようと思ったら、その変な傾向について考えることも避けて通れない。

第二の問題は、「強さ」「弱さ」というあたりまえの言葉に、価値判断がくっついていること。「強い」のは良いこと、「弱い」のは悪いこと、とされていて、ほとんどの人がそう思いこんでいる。「強い」と言われればうれしいし、「弱い」と言われればうれしくない。

考えてみれば、これもおかしなことだ。例えば、先にあげた「大小」でも、大きいのと小さいのと、どちらがいいか、なんて決められるわけがない。大きいことが良いことで、小さいのは悪いことなどというのは、あまりに単純な決めつけだ。大きいことが良いとは限らないし、小さいことが悪いとは限らない。大きいカバンは小さいのに比べて、たくさんのものを入れることができて便利だが、場所もとるし、運ぶのには重くて不便だ。

良いか悪いかは、「時と場合による」のだ。この「時と場合による」というのが肝心だ。これは「相対的」と呼ばれる考え方で、ものごとの価値が文脈——つまり、他との関係——によって異なることを言う。一方、文脈にかかわらず、いつでもどこでも、同じ価値をもつ、というのは「絶対的」だ。

きみはよく「絶対」という言葉を使うんじゃないかな。でも、これには注意した方がいい。考えてみればすぐわかるように、何ごとにも文脈はつきものだ。小さい時計は近寄らないと時間がわからないので壁にかけるのには向いていないが、腕につけたり、ポケットに入れて運ぶのにはいい。

「大きいことが良いとは限らないし、小さいことが悪いとは限らない」と言えるとすれば、同じように、「強いことが良いとは限らないし、弱いことが悪いとは限らない」と言えるはずだ。

ついでに、もうひとつ、つけ加えておきたい。それは、「良いことがいつも良いとは限らないし、悪いことがいつも悪いとは限らない」ということ。つまり、「良い」「悪い」もまた絶対的ではなく、相対的な価値なのだ。時と場合によって、社会的、歴史的な文脈によって、何が「良い」か、何が「正しい」か、は異なる。「善悪」や「正邪」といった倫理的な価値観ですら、絶対ではない、ということだ。

しかし、ぼくたちは日々、相手が悪くて、自分こそが絶対正しいと主張し合う者同士の衝突を見ている。そして実際の歴史を見てみれば、やはり、非は相手にあり、正義は当方にあると主張する共同体同士、国家同士の対立や争いが繰り返されてきた。けんかも戦争も、互いに「正しさ」を主張し合いながら、結局どちらも自分の「正しさ」を証明することができずに、「強弱」で決着をつけようとする。そして、勝者、つまり強い者が正しく、敗者である弱い者が間違っていたかのようなイメージがつくり出される。

実に変な話だ。

ともあれ、時と場合によって、社会によって、時代によって、人によって価値観が異なることもある、ということを心に刻んでおいてほしい。自分自身の内でさえ、年齢によって、季節によって、日によって、「正しい」の意味が変わることはあるのだから。そう考えれば、他の人たちがきみとは異なる価値観をもっていることに対しても、もっと優しく穏やかな心で接することができるだろう。

ぼくの大好きな詩人、長田弘の「ねむりのもりのはなし」という詩に、「あべこべのくに」のことが出てくる。

いまはむかし　あるところに
あべこべの　くにがあったんだ
はれたひは　どしゃぶりで
あめのひは　からりとはれていた
……

つよいのは　もろい
もろいのが　つよい
ただしいは　まちがっていて
まちがいが　ただしかった

ぼくたちの言う「強さ」が弱さで、逆に、「弱さ」が強さだという社会が、地域が、時代があったかもしれない。ぼくたちが「正しい」と信じていることが間違いで、逆に、「誤り」の方を正しいと感じる文化があったかもしれない。そういう可能性を想像できるようでありたい。自分自身や自分が生きている社会が絶対ではないことを心に留めておく心の広さ、間違っていることを正しいと思いこんでいるかもしれないと考える謙虚さが必要だと思うのだ。

だれも、そしてどの社会も、間違いをおかしてしまう危うさをいつも抱えている。そのことを英語で〝ファリブル（fallible）〟というが、この言葉の語源は「だます」で、それは、そもそも「信じる」ということが「自分をだます」という側面をもつことを示している。

「強さ」「弱さ」について考えることは、だから、この一対の言葉にまとわりついている価値判断を一度外して、これまでそれを信じることで、もしかしたらだまされていた自分を解き放ち、自由にしてあげること、でもある。「自分をだます」のもぼくたち人間が抱えている「弱さ」の一種だと言えるだろう。その意味では、「弱さ」について考えることが、そのまま、「弱さ」からぬけ出すことにも通じるのかもしれない。

さて、「弱さについて考える」この本では、まず、「世間で弱いとされているものについて考える」ことになる。その意味での「弱者」——さまざまな「人」や「もの」や「こと」に——注目していこうと思う。そしてそのたびに、それがどういうわけで「弱い」とされているのか、を考え直してみよう。その上で、その「弱さ」を世間の常識とは異なる視点からも見ることによって、これまでは「強さ」の陰に隠れて見えづらかった「弱さ」の価値に光を当てたい。

うまくいけば、「弱さ」が「強さ」であったり、「強さ」が逆に「弱さ」であるような「あべこべのくに」に、ぼくたちも行き着くことができるかもしれない。

第1章

「弱さ」とは何か？

生きものにとっての「強さ」とは

良いことは、カタツムリのようにゆっくり動く（マハトマ・ガンディー）

弱肉強食⁉

「弱肉強食」という困った言葉がある。自然界について言われるのはまだしも、ぼくたち人間の社会のありようもまた弱肉強食だというイメージが広く行き渡っている。そしてこの現代世界に起こる多くの出来事が、この一言で説明される。いや、「説明できる」と信じられているのだ。それ自体が、現代世界の深刻な問題のひとつだとぼくは思っている。

きみは「弱肉強食」という言葉で何を連想するだろうか。辞書によれば、それは弱い者が強い者の餌食となること、弱い者の犠牲の上に強い者が栄えること、だ。それが人間の社会のことであれば、そんなのは嫌だ、ときみはきっと思うだろう。では、これを自然界に限った話だとすればどうだろう。

「弱肉強食」にあたる英語の表現はないのだが、近いものに「ジャングルの掟《おきて》（the law of the jungle)」という表現がある。密林という野生の世界では、大きいもの、速いもの、力もち、鋭い牙、角、爪、毒といった〝武器〟をもつものたちが、小さいもの、遅いもの、無力なものたちを餌食にしている。そんなイメージだ。「掟」というのは英語でlaw、つまり、そこでは強者が弱者を支配するのは一種の自然法則のようなものだと考えられている。

「弱肉強食」という言葉がチャールズ・ダーウィンの進化論から来ているものと、誤解している人が多い。進化論についてはきみも学校で習ったと思う。ダーウィンは「適者生存」という言葉を使ったが、これは「弱肉強食」や「ジャングルの掟」とは似て非なるものだ。大事な区別なので、少し詳しく見てみよう。

「適者生存」という言葉は、もともと哲学者ハーバート・スペンサーがつくった表現で、それをダーウィンが、自分の「自然淘汰《とうた》」理論を説明するために借用した。そこでダーウィンが言おうとしたのは、同じ生物種《しゅ》の中で、ある個体の遺伝形質が最も環境に適しているなら、その個体から増えた子孫がさらに増え広がる確率はより高くなる、ということ。もしこれが言えるなら、現在生存している種は、環境にうまく適応して、増え広がることに成功した「最適者」の子孫だということになる、というわけだ。

「適者」という言葉が何を意味するか、についてはもっと詳しく見てみる必要があるが、それは後回しにしよう。とりあえず、今問題にしたいのは、「適者」が、ダーウィン以後の歴史の中で、いつの間にか「強者」と混同されて、意味が変わってしまったことだ。ダーウィンが言っていたのは環境に最も適応したという意味の「適者」であって、それは「弱肉強食」でいう「強い」「弱い」とは別の話なのに。

すでに見たように、弱肉強食という言葉の中には、捕食者（例えば、ライオン）が強者で、被捕食者（例えば、シマウマ）が弱者というイメージが含まれている。しかし、強者と弱者が競争して、強者が生き延びるというこのイメージにとらわれている限り、現実をしっかりと理解することは難しいだろう。というのは、強いライオンが生き延びられるのは、自分より弱いシマウマなどの獣たちが生き延びていてくれるからこそ。現に、絶滅が危惧されているのは、ライオンが餌にしている動物たちではなく、捕食者のライオン自身の方だ。

そこで、ぼくたちは、これまで抱いていたイメージからいったん離れて、こう問う必要がある。そもそも生きものにとって「強さ」とは何か、「弱さ」とは何か、と。

ナマケモノとの出会い

ここで、いきなりナマケモノに登場してもらおう。「いきなり」と言ったが、実は筋書き通り。いかにも弱々しいこの生きものこそ、本書になくてはならない重要な存在なのだ。自慢ではないが、筆者であるぼくも、「ナマケモノ教授」と呼ばれている。そう呼ぶ人たちがどう思っているかは知らないが、当人のぼくは、ナマケモノという動物の大ファンだから、悪い気はしない。

最初の出会いはもう二十年以上前のこと、南アメリカ大陸のエクアドルという国で、だった。自然豊かなこの国では、鉱山開発や大規模農業などのためにあちこちで森林伐採が進められていた。でも現地に長年暮らしてきた人々にとって、森は生存の土台であり、命の源だ。

森を守ろうとする現地の人々を応援する活動に参加したぼくと仲間たちは、その森に棲《す》むミツユビ・ナマケモノに出会った。それは、異星から来たかのような不思議な雰囲気を漂《ただよ》わせていた。ふさふさとした毛、体の割に長い手足、その先に突き出している三本の長い爪。百八十度回る小さな頭、つぶらな、でもどこか眠そうな目、そしてスローモーションみたいな緩慢な動き。よく見ればその顔にはいつもかすかなほほえみが浮かんでいる。

その当時、行く先々の町や村で囚《とら》われの身となったナマケモノを見かけた。あわれな姿だった。その地域では、森を切り開いた後に油をとるためのヤシの農園がつくられていくのだった。他の動物や鳥の多くは、他の場所へと移住できるかもしれないが、動きののろいナマケモノは取り残されてしまう。伐採会社に雇われて働いている人々の中に、ナマケモノを見つけ、つかまえては食肉用に売ろうとするものが現れる。その地域では、以前ナマケモノが食用にされることはなかったという。第一、あの体を見れば、とても食べられるところが多いとは思えないのだが。

ここでちょっと説明が必要だろう。エクアドルなどのラテン・アメリカの国々には、男性が男らしさ、強さ、たくましさなどを強調し、女性に対する優位性を誇示する、「マチスモ」という考え方や態度がよく見られる。肉食もこの「マチスモ」の一要素、つまり、肉を食ってこその男らしさというわけなのだ。肉食、特に牛肉を食べることに関するこれと同じ考え方は、欧米の社会にも広く見られる。

だが、土地をもたない貧しい農民にとって、肉は贅沢《ぜいたく》品。肉食で男をあげることもままならない。そこで、代用品として、簡単に手に入れられるようになったナマケモノが選ばれたのではないか。そうぼくは推理する。

しかし、いくら代用だとはいえ、ナマケモノのようにおとなしく無害な動物をどうしてあれほど残酷に扱わねばならないのだろう？　しばりあげ、爪をはがし、手足の骨を折り……。ぼくと仲間たちは売られているナマケモノを買っては、森にまた放そうとするのだが、買えば買うほど、またとって売ろうとする者が増えてしまうのだった。

ぼくたちは無力だった。でも、考えてみれば、この無力感はナマケモノという動物の存在自体にそなわっている「弱さ」と密接に関係していた。今ではこんなふうにも言えると思っている。ぼくは、その「弱さ」を通じてナマケモノと出会ったのであり、その

「弱さ」のおかげで、ぼくは多くの大切なことを学ぶことになったのだ、と。

どんなにむごい扱いを受けてもナマケモノは顔に、かすかなほほえみを絶やさないようにぼくには見えた。一緒に現地で活動していた環境活動家の仲間は、そんなナマケモノのことを「森の菩薩《ぼさつ》さま」と呼んだものだ。

結局、森を守る以外にこの動物を救う方法はない、と考えるしかなかった。そして地元で森林保全の活動をしている人たちを応援するために、「ナマケモノの棲《す》む森を守ろう」というスローガンを掲げた。その一方で、ナマケモノの不思議な魅力のとりこになってしまったぼくは、この動物についての自分なりの調査にとりかかった。

アメリカ人学者たちのナマケモノ研究の舞台となったパナマのスミソニアン熱帯研究所や、世界でたったひとつのナマケモノ救護センターがあるコスタリカのアヴィアリオス自然保護区を訪ねた。また、エクアドル奥地アマゾン地域では、ジャガーの魂と交信するシャーマンからナマケモノの話をきいた。こうした調査を通じて、ぼくのうちに変化が起こった。少し単純化して言えば、それは「かわいそうなナマケモノを救いたい」から「ナマケモノのような生き方がしたい」への変化だった。

ナマケモノは弱くて強い

ナマケモノについて調べようとすると、まず、人々の心の中にしみついた偏見が見えてくる。アメリカ大陸に移住してきたヨーロッパ人たちがつけたナマケモノという名前からしてあまりにも失礼ではないか。動くことが少ない、その動きが遅い、というだけで、「のろま」「低能」「進化の失敗例」などと見なし、この動物を笑いものにしてきたらしい。そんな偏見が影響したとは思いたくないが、過去に行われたナマケモノの研究は驚くほど少なかった。

それでも、近年進んだ研究のおかげで、ようやくナマケモノの「弱さの強さ」が見えてきた。ナマケモノの中でも特に「ナマケモノらしい」――というのもぼくの偏見だろうが――ミツユビナマケモノについて見てみよう。

まず動くことがこんなに少ない動物も珍しい。一日の四分の三以上の時間を木の枝にぶら下がったまま寝て過ごす。本当に寝ているかどうかはともかく、動かないのだ。「動かない」ということにしても、また動く時にも「ゆっくりとしか動けない」ということにしても、弱肉強食という「ジャングルの掟」からすれば、決定的な弱点であるように思える。

でも、その一方で、こう問うこともできる。他の動物たちが餌を探し、天敵から逃げるために、忙しく動き回っているというのに、なんでナマケモノだけは、こんなにのんきに――まさに怠《なま》け者のように――暮らすことができるのか、と。

ぼくは一度、捕獲されたナマケモノの母と子に出会ったことがある。ぼくが手を近づけると、子を抱いた母ナマケモノは、スローモーションで、長い腕を横に振ってみせた。子を守ろうとする母の防衛の動作のあまりの遅さはちょっと切なかった。でも同時に、そのあっけらかんとした無防備さに、ぼくは感動してしまった。

「これじゃ、ジャガーなんかに見つかったら、ひとたまりもないな」

そう思いつつ、同時にぼくは考えた。こんなに無防備でも、ナマケモノは絶滅どころか、中南米中の森林に棲みついて、立派に栄えている。絶滅の心配があるのは、むしろ、捕食者の肉食獣や猛禽《もうきん》類の方だ。

いったい、弱いのはナマケモノなのか、ジャガーなのか？

「弱肉強食」を超えて

最小ノモノニモ、最大ノ驚異アリ。
ファーブルさんは、小さな虫たちを愛した。（長田弘「ファーブルさん」より）

ナマケモノの低エネ生活

生態学の研究によると、動くことが少ないのはナマケモノの生存戦略に他ならない。動かなければ動かないほどエネルギー消費も少なくてすむから、エネルギー摂取も少なくてすむ。低エネ戦略だ。

生態学によれば、ジャガーなどの肉食動物は動くものを見る視力に優れているが、動かない獲物を見つけることは得意ではない。ぼくもナマケモノを探してジャングルを歩いた経験があるが、自分の目で見つけるのは至難の技だった。長年のキャリアを積んだ野生動物のガイドが指差してくれる先をいくら見ても、動かないナマケモノは枯れた葉っぱの塊《かたまり》のようにしか見えないのだ。

ナマケモノはあまりにじっとしているので体にコケが生えてしまったと笑い話のように言われてきたが、事実、空洞になっている毛の中に一種の藻類が生えて、茶色いはずの毛が全体に緑ぽく見えるのである。特に雨期にはその傾向が強いらしい。ぼくもコスタリカの雨期の熱帯雨林で、かなり〝苔《こけ》むして〟緑色がかったミツユビナマケモノを何度か見ている。これも、天敵から身を守るカムフラージュ、つまり保護色として役立っているようだ。

あまり動かないナマケモノとはいえ、やはり動かなくては生きていけない。次の問題は、どうして動きが遅いのか、だ。これについても、生態学の研究が教えてくれる。遅いのは筋肉が少ないからで、ではどうして筋肉が少ないかと言えば、それはなるべくエネルギーを使わずに、葉っぱのような低タンパク、低エネルギー性の食べものだけを食べて生きていけるように進化したためらしい。

筋肉が少なければそれだけ、動きも遅くなるし、力も弱くなる。でも、その分体重が軽くなるので、高い木の上の方の細い枝にもぶら下がることができ、それだけ天敵から襲われる心配も少ない。これもまた一種の戦略だ。

まだある。ナマケモノは基礎代謝によるエネルギーの消耗を防ぐために、体温を維持せずに外気温に合わせて体温を変化させている。まるで爬虫類《はちゅうるい》だ。そう言えば、ぼくもパナマの森で、朝早く日光浴のために、高くまっすぐに伸びるヤシの木を、ゆっくりと登ってゆくナマケモノを見た。寝てばかりいるにしては、ずいぶん、早起きだな、と感心したものだ。

ライオンとシマウマはどっちが強い?

私たちが強いと思いこんでいる生きものが、実は弱かったり、弱いと思っている生きものが実は強かったりするから面白い、と言うのは『弱者の戦略』という魅力的な本の著者で、生態学者の稲垣栄洋《いながきひでひろ》だ。彼は「百獣の王」と呼ばれ、最強の動物だと思われているライオンと、その餌食にされるシマウマとを例にとってこう説明している。

「ところが、ライオンに食べ尽くされてシマウマが滅びてしまったという話は聞かない。

むしろ絶滅が心配されているのはライオンの方である。どうして食べられているはずのシマウマよりも、食べているはずのライオンの方が絶滅の危機にあるのだろうか」

そういう問いをたてておいて、稲垣は「食物連鎖のピラミッド」の図で説明してくれる。食物連鎖《しょくもつれんさ》とは「食う・食われる」の関係が鎖のように連なっていることで、植物を食べる草食動物がいて、その草食動物を食べる肉食動物がいて……という関係で自然界が成り立っているということだ。稲垣の本に出てくるピラミッドの図には、底辺に草が、その上に草食のバッタが、その上に肉食のカマキリが、その上に雑食のスズメが、一番上にそのスズメを食べるタカが描かれている。ピラミッドの底辺に近いほど、生物の数が多く、頂点に近づくほど数が少ないのが普通だ。たとえば、タカが十羽のスズメを、スズメが十匹のカマキリを、カマキリが十匹のバッタを食べているとすると、一羽のタカが生きていくためには十×十×十で千匹のバッタが必要になる。

つまり、タカはバッタが千匹いなければ生きていくことができない。だから、と稲垣は言う、「タカの生命はバッタに依存した、か弱い」存在なのだ、と。

ライオンとシマウマの関係もそう。餌となるシマウマが少なくなると生きていけないライオンもまた、同じように、「か弱い」生きものだ、ということになる。

では、昆虫の世界で「強い」のはだれか？　稲垣によれば、それは大きな鎌をもったカマキリでも、角《つの》をもったカブトムシでも、毒針をもったスズメバチでもなく、意外にもあの小さなアリなのだ。集団で襲いかかるアリを恐れ、多くの昆虫が防御のためにさまざまな策をこうじているらしい。

軍事的な強者であるばかりではない。アリは地球の生態系を支える大切な役割を果たすという意味での強者でもある。昆虫学者E・O・ウィルソンによれば、人間が絶滅しても生態系に大きなダメージはないが、アリが絶滅すれば、現在の地球の生態系全体が崩壊するほどだという。

どうやら、生物にとっての「強さ」とは、鋭い牙や爪といった武器をもつことではないようだ。また、ぼくたちが連想しがちな身体の大きさや力の大小でもない。とすると……。

生き残ったものが強い⁉

自然界における「強さ・弱さ」は、ぼくたちが思い描くような単純なものではない、と稲垣は言う。「強さ」とは決して、他者を打ち負かすことではない。このことを理解するには、「生物にとって、もっとも重要なことは何か」とまず問うことだ、と。そして稲垣は答える。

「言うまでもなくそれは生き残ることである」

食う方が食われる方より強いといっても、その食べる方が滅んでしまっては何にもならない。稲垣はこう結論する。結局、「強い生き物が生き残る」のではなく、「生き残ったものが強い」のだ、と。

弱肉強食という言葉のおかしさが、これではっきりしたと思う。それはまず、「勝ち・負け」――勝ちでなければ負け、負けでなければ勝ち――、という単純な二元論だ。そして、食う方が強く、食われる方が弱い、というこれまた単純な等式からできている。しかし、これが現実だと思ったら大間違いだ。それは複雑な現実全体の中から、ほんの一局面――例えば、ライオンがシマウマを追いかけ、捕えて、餌食にするというシーン――だけをとり出して見ているにすぎないのだから。

自然から学ぶ

ここでまた、長田弘《おさだひろし》の詩「ファーブルさん」から数節を引用させてもらおう。

目立たない虫、目には見えないような虫、
とるにたらない虫、つまらない虫、
みにくい虫、いやしい虫、くだらない虫、
ファーブルさんは、小さな虫たちを愛した。

ここに登場する「ファーブルさん」とは、『ファーブル昆虫記』で有名な生物学者のファーブルだ。長田は詩人として、まずこの生物学者が虫たちにどのような態度で接していたか、に注目した。ちょっと不思議なのは、ファーブルが「虫たちを愛した」というところだ。科学者が研究対象を愛したりするものなのか。愛したりすると、科学者らしく、冷静に、客観的に観察することができなくなるのではないか、ときみは思うかもしれない。

ぼくが思うに、ここで言う「愛する」とは、「大小」「強弱」「美醜」といった世の中に行き渡った基準に左右されずに、偏った価値観から自由に、対象である虫たちに接する態度のことなのだ。

生きるように生きる小さな虫たちを愛した。

虫たちは、精一杯、いま、ここを生きて、力をつくして、じぶんの務めをなしとげる。

じぶんのでない生きかたなんかけっしてしない。

詩人は、生物学者から、単に虫たちについて学んだのではなく、もっと広く、この世界の見方、さらに、人間がどう生きるべきかを学んだのだ。また、こうも言えるかもしれない。その生物学者にしても、単に「虫たちについて」学んでいたのではなく、「虫たちから」学んでいたのだ、と。

偉大とされるものが、偉大なのではない。

美しいとされるものが、美しいのではない。
最小ノモノニモ、最大ノ驚異アリ。
ファーブルさんは、小さな虫たちを愛した。

最弱のものにも、最強の驚異あり、とぼくも言ってみたい。

どんな王宮だって、とファーブルさんはいった。
優美さにおいて精妙さにおいて、一匹の
カタツムリの殻に、建築として到底《とうてい》およばない。
この世のほんとうの巨匠は、人間じゃない。

「自然について」学ぶだけでは十分と言えない。「自然から」学べるようでありたい。
そのためには、ぼくたちはもっと謙虚にならなければいけない。これまでぼくたちは自然に対してあまりにも傲慢だったのだ。

オンリーワンの場所

そうさ　僕らは
世界に一つだけの花（槇原敬之「世界に一つだけの花」）

ナマケモノになろう

話はまたナマケモノに戻る。

あまり動かないことを戦略にしているはずのナマケモノだが、逆に、大きなリスクをおかして動くこともある。

謎の多かったミツユビナマケモノの生態の中でも特に不思議だったのは、その排泄《はいせつ》行動だ。七、八日に一度、ゆっくりと木の根元まで下りてきて、小さな尻尾《しっぽ》のあるお尻で地面に浅い穴を掘って糞《ふん》をする。一週間に一度というペースの遅さにも驚くが、不思議なのは、排泄のたびに地面にわざわざ降りてくることだ。もし天敵に見つかれば、これほど動きが遅く無防備な動物はすぐつかまって食べられてしまうだろうに。どうしてこんな危険なことをするのだろう。

近年わかってきたのは、ナマケモノが、自分の食料である葉っぱを供給してくれる木の根元に糞をして、もらった栄養をなるべくその同じ木に返そうとしている、ということ。つまり、自分を育ててくれる木を、逆に支え、育てているというわけだ。「環境にやさしい循環型の暮らし」とはまさにこういうものだろう。どうやら、ナマケモノは怠けているのでも、バカなのでもないらしい。

人類学者のウェイド・デイヴィスによれば、アマゾンのような熱帯雨林では、すべての植物の根の先端の九割以上が、地表から十センチの間にあるという。つまり、根が必要とする養分のほとんどがそれほど浅いところに集中しているということだ。熱帯の森を歩いていると、よく、大きな木が根こそぎ倒れているのが見られる。根っこの部分が平たい円盤状をなしているのは、その木が地表すれすれに横へと根を広げていたからだ。根を地中深く伸ばさない熱帯の木々は風に弱い。

多様な生きものが栄え、生命力に溢《あふ》れる熱帯雨林だが、実は、その土壌は極めて貧しく、植物の生存を支えられるのは地面のごく浅い部分にすぎない。その理由は、地面に大量に有機物が落ちるにもかかわらず、高温多湿のため、その大部分がすぐ分解されてしまうので、土を肥やすことがないからだ。例えば、サルは木の上から排泄するが、その糞は土の中の微生物によって分解されて、根を通して植物に届けられることはほとんどない。

そう考えると、ナマケモノの排泄行動の意味がわかる。ある研究によると、彼らはあの独特な、一見愚かな排泄行動によって、自分が一本の木から得る栄養の半分を確実に同じ木に返しているという。つまり、ナマケモノは、ぼくたちが循環型の暮らしと呼ぶ生き方を実践することによって、自分が頼りにしている木の生存を助け、またそれによって同時に、自分自身の生存を保障しようとしている。

どこから見ても弱虫のように見えたナマケモノが、実は「生存」という基準から見れば、なかなかの強者《つわもの》らしいのだ。

棲《す》み分けて共存

ここにも、競争に勝ったものしか生き残れないという「弱肉強食」のイメージとはずいぶん異なる現実が見られる。前に引用した稲垣栄洋の言葉を思い出してみよう。彼によれば、「強い生き物が生き残る」のではなく、「生き残ったものが強い」のだった。

彼の言うことにもう少し耳を傾けてみると……。弱肉強食とは、同じような環境に暮らす生物同士の間で起こる現象であって、「暮らす環境が異なれば、共存することができるのである」。だから生物たちは、「他の生物と少しずつ生息環境をずらしながら、自分の居場所を作っている」。

「居場所」とは、生態学で言う「ニッチ（生態的地位）」、つまり「ある生物種《しゅ》が生息する場所や範囲」のこと。ニッチという言葉の語源は「巣」を意味するラテン語だが、それがここでは、種全体にとっての「棲み家《か》」という意味で使われている。とはいえ、それは単に空間の中の「場所や範囲」ではない。競合しそうな相手と同じ場所にいるように見えて、生活時間をずらしたり、生き方を微妙に変えることで、自分だけのニッチを確保することができるのだ。

アフリカのサバンナと呼ばれる生態系を例に、稲垣はこう説明する。シマウマは地面にある草を食べるが、キリンは木の葉を食べる。馬の仲間であるシマウマは草の先端、牛の仲間であるヌーはその下の茎や葉を、鹿の仲間であるトムソンガゼルはさらに下の地面に近い部分を食べる。つまり、「食べる部分をずらして、棲み分けている」のだ、と。

同じチョウ類でも、ガは、天敵である鳥のほとんどが活動する昼を避けて、夜に活動することで、ニッチをつかんだ。

有利な場所を見つければいいというものではない。そういう場所にはライバルが集まる。ひとつをとると、ひとつを失う。環境をずらして、それによって一見不利な場所にニッチを見つける。

そんなふうにして、すべての生物は互いに少しずつニッチをずらしているのであり、だからこそ、一見同じ場所で競争関係にあるように見えながら、共存することができる、というわけだ。

すべての生物が自分だけのニッチをもっている。ニッチが完全に重なり合うことはない。もし重なり合えば、そこで競争が起こり、どちらか一種が生き残ることになる。「弱肉強食」とか「ジャングルの掟」といった言葉は、実はこういう限定された場面の様子を表現しているにすぎない。

もちろん、「競争より共存」とは言っても、一緒に〝仲良く〟暮らしているというわけではない。限られた生態系の中に、「食べる・食べられる」という関係は厳然としてある。生きていくのが大変なのはどの生きものにとっても同じこと。しかし、その一方で、食べる種の生存が、食べられる種の生存によって可能になっていること、さらに言えば、ひとつの種の生存が、他のすべての種の生存によって可能になっているというのも事実だ。つまり、さまざまな種は、みな互いに依存し合って生きているのだし、その意味で、共存している。

弱さと強さはいつもこんなふうに隣り合わせ。いや、裏と表のように切っても切れない関係だ。こう考えれば、どちらが強くてどちらが弱い、という考え方そのものがもう成り立たなくなってしまう。

世界に一つだけの花

小さい花や大きな花
一つとして同じものはないから
No.1にならなくてもいい
もともと特別なOnly one

これは「世界に一つだけの花」という歌の一節だ。槇原敬之《まきはらのりゆき》の歌で、アイドルグループのSMAPが歌って大ヒットしたので、きみも知っているかもしれない。その歌詞になぞらえて、稲垣はこう言っている。

「ナンバーワンになれるオンリーワンの場所こそが、生物にとってのニッチなのである」

歌の方は、花屋の店先にある花のひとつひとつがそうであるように、人間の一人ひとりがユニークで特別な〝オンリーワン〟であるということを伝えようとしている。一方、稲垣が話しているのは、種《しゅ》についてだ。それぞれの種が、オンリーワンの場所であるニッチを見出《みいだ》すことによって生きている、と言う。そのオンリーワンの場所で生きる種は、そこでの〝ナンバーワン〟なのだ、と。

「この世に存在している生物はそれがどんなにつまらなく見える生き物であったとしてもそれぞれの居場所で、ナンバーワンなのである」

オンリーワン＝ナンバーワンという等式が成り立つ？ でもこれはちょっと変だ。考えてみれば、オンリーワンとは「一つだけ」ということで、つまり、自分と比べるべき相手がいないということ。だから、この場合のナンバーワンという言葉にはほとんど意味がない、ということになる。

そもそも、「強・弱」という比較が成り立つには、互いに比べ合う「他者」が必要だ。そして比べられる者同士が、みな同じ「比較という土俵」に乗っていなければならない。逆に言えば、同じ〝土俵〟に乗らなければ、比較は成り立たない。つまり、「強い」「弱い」という言葉は意味を失う。

「競争」についても、同じようなことが言える。競争とは同じ到達点に向かって行われるもの。例えば徒競走で、人によってゴールがバラバラだったら、それはもう競走とは言えないだろう。

一般にスポーツでは、〝同じ土俵に立つ〟、つまり、同じ目標に向かって、同じルールや条件のもとで、競い合うからこそ、そこに「強・弱」が生まれ、「勝ち・負け」が成り立つ。そして人々はそこに大きな楽しみを見出すのだ。

しかし、競争というものの怖さもそこにある。ぼくは競争がいけない、と言いたいのではない。スポーツにはたしかに、ぼくたちをワクワクさせる力がある。しかし、競争を社会の基本原理と見なすという「競争原理主義」が嫌いなのだ。同じように、人生の中心に競争を置いたり、社会を「弱肉強食」という単純なイメージでとらえたりするのは危険だと言いたいのだ。

ぼくが若い頃やっていたラグビーでは、試合終了のことを「ノーサイド」という。笛が鳴って、「サイド」、つまり敵・味方という区別がなくなり、競争的な場が解消し、非競争的な日常が回復する。そこでは、勝ち負けというのは結果ではなく、ゲーム開始から終了までのプロセスであって、その区別もノーサイドの笛とともに消失する。その区別を、試合後の日常へともちこむことは、スポーツマン精神に反する、恥ずべきことだと考えられている。

社会において、人生において、競争的な場があること自体は、悪いことではない。しかし、そういう場には〝囲い〟が必要なのだ。スポーツに土俵やリングやフィールドといった空間的な囲いがあり、試合時間という時間的な囲いがあるように。

しかし、その囲いがなくなって、社会のどこもかしこも競争の場であるかのように思われたらどうだろう？

残念ながら、現代の社会は、ますますそういう競争的な場所になってきている、とぼくには思える。その証拠に、人間を「強い・弱い」といった優劣で分類したり、人生を「勝ち・負け」で評価したりするのが、あたりまえのことになっている。

そこでぜひ、きみも考えてみてほしい。そもそも、人間の社会において、みんなが同じ到達点に向かって生きるなどということがありうるだろうか、と。

「世界に一つだけの花」の最後の一節はこうだ。

そうさ　ぼくらは
世界に一つだけの花
一人ひとり違う種《たね》をもつ
その花を咲かせることだけに
一生懸命になればいい

バラよりスイセンが好き、というのは好みの問題だ。一方、バラとスイセンのどちらが優れているか、という問いには答えがない。同じように、白いランが紫色のランより、花の大きいアサガオが小さいのより、きれいなどというのは、それを見る人間の価値判断にすぎない。そしてその判断は、もともと比較の成り立たないところに比較を、価値中立的《ニュートラル》な世界に勝手に競争的な見方を持ち込んだだけのこと。

人間の世界にも同じことが言える。このことを、「世界に一つだけの花」はぼくたちに教えてくれている。

第2章

動物たちに学ぶ

ナマケモノから学ぶこと

あんたが、あんたのバラの花を
とてもたいせつに思ってるのはね、
そのバラの花のために、時間をむだにしたからだよ（『星の王子さま』より）

肝心なことは目に見えない

「世界に一つだけの花」で思い出すのは、サン゠テグジュペリの『星の王子さま』のことだ。少し脇道にそれることになるが、見ておきたい。

こんな場面があった。七番目の星、地球に辿《たど》りついた王子さまは、やがて五千ものバラの花が咲いている庭にやってくる。彼は、そこで自分の小さな星に残してきたバラの花を思って泣き崩れる。この世にたったひとつだと思っていたものが、実は、どこにでもある花だったと知って悲しかったのだ。

そこにキツネが現れて王子さまを慰《なぐさ》め、ふたりは仲よしになる。キツネは友だちになることを通して、「お互いがお互いにとってかけがえのない存在である」ということの意味を王子さまに教えてあげる。つまり、互いにとってオンリーワンの存在になることの意味を。

王子さまはこう考えるようになる。「あのキツネは、はじめ、十万ものキツネとおんなじだった。だけど、いまじゃ、もう、ぼくの友だちになってるんだから、この世に一ぴきしかいないキツネなんだ」と。

やがて、また旅立ってゆく王子さまに、キツネは、贈り物として秘密を教えようと言う。「心で見なくちゃ、ものごとはよく見えないってことさ。かんじんなことは、目に見えないんだよ」目で見えることと、心でしか見えないこと。それを「物理的なこと」と「心理的なこと」と言い換えることもできるし、「量」と「質」ととることもできるだろう。これを今、ぼくたちのテーマに引き寄せて言えば、大小、多少、強弱など、単なる物理的で量的な差異だと思われているものを、心理的に、質的に見れば、そこに違う意味が現れてくる。この世は単に物理的で、量的な、つまり計測可能な世界ではない。そこには「意味」が満ち満ちているのだから。例えば、この世にキツネはたくさんいるが、自分の友だちという意味をもったキツネは世界にひとつだけ、というふうに。

さらに、キツネは重要なことをつけ加える。

「あんたが、あんたのバラの花をとてもたいせつに思ってるのはね、そのバラの花のために、時間をむだにしたからだよ」

ここには、「愛とは何か」という難問中の難問に対するひとつの答えがある。つまり、愛とは「相手のために時間をムダにすること」。

ぼくたちが生きている現代社会では、時間をムダにするのはよくないどころか、ほとんど犯罪のように扱われている。それは「弱さ」とも見なされる。逆に、強さとは時間をムダにせず、有効に、能率的に使うことだ。しかし、あのキツネが言う通りだとしたら、どうだろう。大切な人のために時間をムダにできなくなってしまった現代人から、愛はますます遠ざかっているのではないか。

そう考えれば、強い者ほど愛することが困難で、むしろ弱い者ほど愛に近い、と言えるかもしれない。

「ナマケモノになる」ということ

話を戻そう。どこへって、もちろん、ナマケモノへ。

時間をムダに過ごすことにかけて、ナマケモノの右に出る動物はなかなかいないだろう。でも、いつも怠けているように見える割には、ちゃんと暮らしをたてているから立派なものだ。強さ、大きさ、速さを競うこともなく、毒をもつこともなく、するどい牙をもつこともなく、低エネで循環型のライフスタイルをちゃんと実現している。

こんなナマケモノの生き方がわかればわかるほど、ぼくは「ナマケモノを救え」などと考えていた以前の自分がちょっと恥ずかしくなった。逆にナマケモノのような生き方こそがぼくたち人間を救ってくれるのではないか、という気がしてきた。大げさではなく、二一世紀を生き延びるために、人類が何より必要としているのは「ナマケモノになる」ことではないのか、と。

そしてぼくは、一九九九年の夏、環境運動を一緒にやってきた仲間たちや、ぼくが大学で教えていた学生たちと、「ナマケモノ倶楽部《クラブ》」という名のグループをつくった。絶滅の恐れのあるトラやゾウやウミガメなどを保護する運動はあった。しかし、ナマケモノ倶楽部はたぶん世界ではじめて、「動物を救う」だけではなく、その動物に「なる」ことを目指すのだ。

そこであらためて、人間であるぼくたちが「ナマケモノになる」とは、どういうことか、考えてみよう。まず、速さや強さを競う「弱肉強食」の〝土俵〟から降りる。他者に有利な場所を譲り、ニッチをずらし、争いを避けて、非暴力で平和で穏やかな生き方をする。環境破壊や争いのもとになる高タンパク、高エネルギー性の食物は避けて、菜食中心の食生活を送る。自分が得た恵みをできるだけ元へと返すことで、循環型で、持続可能な生き方をする。

もうひとつ、「ナマケモノになる」とは、ぼくにとっては想像力を磨くことでもある。ジョン・レノンの「イマジン（想像してごらん）」という歌のように、「ナマケモノのように小さくて、遅くて、弱い自分」を想像してみる。そして、遅い者、小さい者、弱い者の視点から世界を見ることを学ぶのだ。

ナマケモノの弱さに寄り添う

ナマケモノになるためには、もちろん、ナマケモノのことをよく知らなければならない。そういう思いで中南米をあちこち旅していたぼくは、やがて、コスタリカのカリブ海側にある「アヴィアリオス・デル・カリベ」に行きついた。アメリカ出身のジュディ・アローヨさんとコスタリカ人の夫ルイスさんが開いた、世界初の、そしておそらく世界唯一の「ナマケモノ救護センター」を備えた民営の自然保護区だ。二人は民宿経営とエコツーリズムで生計をたて、ナマケモノ救護センターを運営しながら、野生動物保護や環境保全のメッセージを世界に発信している。

アメリカのアラスカ州の豊かな自然の中で育ったジュディさんは、結婚してコスタリカに住むようになってからも、自然とともに生きることを人生のテーマとした。そんな彼女のところに、ナマケモノが次から次へと運び込まれるようになる。

森の奥深く静かに暮らしているはずのナマケモノたちが、なぜこんなにたくさんここに運ばれてくるのか。これについて考えることを通して、ジュディさんには、開発とともに急激に進む生態系の破壊の実態がはっきりと見えるようになった。そして、自分がいつの間にかやっていたナマケモノの世話が、環境活動に他ならないのだと自覚するようになったという。

まだ自分で枝にぶら下がるのが下手な幼いナマケモノが木から落ちて母親とはぐれる場合が多い。電線にひっかかって怪我をする場合もある。電柱は木でできているので、自然の木と間違えるらしい。それから、棲《す》み家《か》である森林を切りひらいてつくられる道路で、車にはねられるケースも少なくない。犬に襲われることもあれば、人間の子どもにおもちゃにされる場合もある。近隣の農場で使用される農薬の犠牲になるナマケモノも増えた。

いつの間にか、ジュディさんは、負傷したり、親とはぐれてしまったりしたナマケモノたちの母親代わりになっていた。ナマケモノを育てている変人がいるという噂《うわさ》が広がって、次から次へとナマケモノが運び込まれるようになる。こうして、世界で初めての（そして多分今でもオンリーワンの）、ナマケモノ救護センターが出現した。以来、多くのフタユビナマケモノとミツユビナマケモノがそこで傷を癒し、健康を取り戻し、いくつものカップルが繁殖に成功した。

しかし、いくら救護活動がうまくいっても、施設のスペースには限りがある。そもそも、活動の目的は、ナマケモノを森に復帰させること。また、救っても救っても、さらに多くのナマケモノが運び込まれるのではきりがない。

ジュディさんたちは、資金を集めて少しずつ保護区を広げる一方で、コスタリカの、そして、中南米全体の森林を守るための運動に加わった。多くのナマケモノが救護センターを巣立って野生に戻った。ジュディさんたちの今の目標は、アヴィアリオス保護区を世界の環境教育の拠点にすることだ。

ナマケモノのメッセージ

ある時、アヴィアリオスに滞在していたぼくに、ジュディさんが教えてくれた。森におけるナマケモノの役割を表現する神話や民話が、何百年、何千年と同じ森に暮らしてきた先住民族の間に伝わっている。例えば、ブラジルのある部族は、ナマケモノに「空を支える」という意味の名前を与えている、と。

それは、枝にぶら下がった彼らの姿が、まるで空が落ちてこないように下から支えているように見えるからだろう。でもそれは同時に、ナマケモノのあの循環型の生き方がこの世界を支えているという、先住民なりの科学的洞察なのではないか、とジュディさんは思うのだ。だとすれば、これまでさんざん世界を壊してきたぼくたち人間は、謙虚にナマケモノに教えを乞わなければならない。

多くのナマケモノと一緒に暮らしてきたジュディさんに、この動物から学んだことは何か、とぼくはたずねたことがある。彼女はこう答えた。

「必要なもの以上は要らないっていうこと。ナマケモノは多くを求めないから、他者と争うことなく、仲良く共生できるの」

彼女によれば、ぼくたち人間は生存に必要ないものを求めすぎているのだ。自分がすでにもっているものや、身近なところにあるものに満足せずに、遠いところにあるものばかりを欲しがる。それが競争を、そして争いを引き起こす。

「だから」、とジュディさんはつけ加えた。「一言で言うと、ナマケモノから学ぶべきことは、平和ということかしら」

開発の波にあっさり流されてしまうという意味では、ナマケモノはとても脆《もろ》い動物だ。その弱さに寄り添うことによって、ジュディさんはこの世界を見る独特な見方を手に入れることになった。そしてより良い世界をつくるための仕事や生きがいを得た。ぼくの言い方をすれば、こうしてジュディさんは〝ナマケモノになった〟のだ。

この世界はだれのもの？

最後の木を切り倒す時、最後の川を汚す時、最後の魚を食べる時、人間はやっとわかるだろう、お金は食べられないということが。（米大陸先住民の言い伝え）

ナマケモノとシャーマンが来てくれた

ナマケモノ倶楽部をつくって間もなく、ぼくは学生たちとのスタディ・ツアーで南米エクアドルのアマゾン川源流地域を訪ねた。その時のことを話そう。

長い船旅の末、やっと宿泊地であるパニャコチャ湖のほとりに到着。各自あてがわれた部屋に荷物を放りこんでおいて、早速、湖に飛びこむ。この湖に棲むカワイルカの姿を見ようと、奥へ奥へと泳いでいく。

陽が大きく傾き、あきらめて引き返し始めた時だ。学生の一人が悲鳴とも歓声ともつかぬ声をあげた。見ると、イルカのなめらかな体が水面の上で、弓なりの曲線を描いている。英語でピンク・ドルフィンと呼ばれるとおり、そのかすかに桃色がかった灰色の皮膚が、夕陽を受けて輝いている。続いてもう一頭、またもう一頭……。それからしばらく続いたイルカたちの踊りを見ながら、ぼくたちは皆、言葉もなく、ただ呆気《あっけ》にとられていた。

後でガイドから、あれが湖の神様だと聞かされた時には、だれも驚かなかった。泳いだばかりの湖のパニャコチャという名前が、「ピラニアの湖」を意味すると知った時には、さすがにみんなちょっとドキッとしたが。もっとも、ピラニアを「人食い魚」などと呼ぶのは誇張で、肉食魚とはいえ、自分より大きいものからはすぐ逃げるという。アマゾン滞在中の食事にはたいがいそのピラニアが出された。魚というよりは、鳥類の肉のような味と食感だった。

さて、そのキャンプを去る朝のこと。夜中の大雨はあがっていた。ぼくは扉をたたく音と叫び声で起こされた。何事かと思ったら、ドアの向こうで女子学生の声がこう言っている。「先生、大変です、ナマケモノが広場に来ました！」

ぼくはカメラをつかんで、母屋《おもや》の前にある広場へ向かって急いだ。ナマケモノの遅さを考えれば、そんなに慌てる必要はなかったのに。広場の真ん中に立っているパパイヤの木の幹の、ぼくが爪先立《つまさき》ちして手を伸ばしてやっと届くくらいの高さに、ぼくが見慣れているものより毛がふさふさとして少し大きめのナマケモノが、じっとしがみついている。他の学生たちが知らせを聞いて集まってくる。彼らにとっては初めて見るミツユビナマケモノだった。

いくら大勢に囲まれても、ナマケモノは目をつぶって瞑想《めいそう》にふけるようだった。図々しいとは思ったが、椅子を木の根元に置いて、学生たち全員が手でナマケモノに触れられるようにした。それでもナマケモノはじっと動かない。眠っているのか、閉じた目はしかし、かすかにほほえみを浮かべているようでもある。

ぼくたちはどのくらいそこでナマケモノに見とれていたろう。出発の時間が近づいていた。その場に釘付《くぎづ》けになっているぼくたちは、スタッフたちに説得されて、荷造りのために各自の小屋に戻った。そして小屋を片付け終わって、荷物を母屋に運ぼうと、広場に戻った時には、もう、ナマケモノは影も形もなかった。

その後、あの時のことを思い出すたびに不思議なのだ。現地で働くスタッフのだれに聞いても、あんなふうに宿営地の真ん中にナマケモノが来たのは初めてだと言う。「ナマケモノに会いたい」というぼくと学生たちの熱い願いが聞き届けられたのだとしか思えない。

さて、その直後のことだ。ぼくたちは最後の食事の席に着こうとしていた。そこへ待ちに待った先住民のシャーマン（特別な精神状態に入って、神や精霊たちと交信することによって、病気を治したり、社会問題を解決したりできると考えられている人）が現れた。

人間だけが人間とは限らない

ナマケモノばかりは思うようにいかないにしても、人間であるシャーマンなら、約束を守って、ぼくたちに会いにきてくれると期待していたのだ。キチュア語を話す先住民ガイドが通訳をしてくれた。ぼくの不躾《ぶしつけ》な質問にガイドたちは時にひやひやしたらしいが、シャーマンは終始穏やかに答えてくれた。

ジャガーをはじめとした森のさまざまな動物たちの精霊と交信する話。パニャコチャ湖の湖底にあるという「町」の話。その町の主である長いヒゲの「こびと」の話……。

そのこびとが最近よく出没して、旅行者にも幾度か目撃されているという。シャーマンによると、それは地上の人間に対してそのこびとが怒りを抱いているせいだ。何を怒っているかといえば、この地上世界を今、大変悪い「波」が覆っていて、それが宇宙の調和を乱しているから。ガイドたちの解説によれば、シャーマンが特に憂慮しているのは、この地方で進んでいる石油採掘と、そのための道路建設が、急速な人口流入と環境破壊を引き起こしていることだ。このまま、人間たちの勝手気ままなふるまいが続けば、精霊たちの怒りは高まり、宇宙は調和を失って、哀《かな》しむべき事態になるだろう……。

湖底の町に棲むカワイルカについて、シャーマンはこう言った。「みんな、イルカは動物だとか魚だとかと思っているけど、本当は人間なのさ」

ポカンとしているぼくたちの気持ちを察して、シャーマンは続けた。「じゃあ、われわれ人間とどこが違うかって？　違うのはただ、彼らの方がわれわれより優れた人間だということだけさ」

ぼくは最後に、何よりききたかったことをきいた。「じゃあ、ナマケモノというのはあなたにとってどんな生きものですか」。早速彼は上方を見つめるような目つきになった。まるでその視線の先には高い木立があって、そこにミツユビナマケモノがぶら下がっているとでもいうように。やがて彼は答えた。「うん、とてもいい奴《やつ》さ。いつも静かに、だれに迷惑をかけることもなく、ゆっくり慌《あわ》てずに、だれと争うこともなく、のんびりと生きている」

何か自分がほめられたような幸せな気分に浸りながら、ぼくはもうひとつ、「ナマケモノのことをあなた方の言葉でなんと呼ぶんですか」と質問した。

よくぞきいてくれました、とまでは思わなかったかもしれないが、シャーマンはうれしそうにほほえんで答えた。「インティジャーマ」。インティは太陽、ジャーマは光線。陽光を全身に浴びる樹上のナマケモノをぼくは思い描いた。実際、朝日が昇り始める頃や、スコールの後の晴れ間に、ゆっくりと木の梢《こずえ》に向かうナマケモノを、ぼくは幾度か見てきた。前にも言ったとおり、それは体温を一定に保つためにエネルギー消費を避けるナマケモノ独特の省エネ生存戦略の一部だ。つい先ほど見たナマケモノだって、大雨で冷えた身を暖めようと、木の上へと登る途中で、一休みしていたところだったかもしれない。

でもぼくには省エネ戦略ばかりではないような気がするのだ。木をよじ登り、太陽に向かって身を開くその姿は、祈る姿であるようにも見える。ヨガにある太陽礼拝のように、太陽を崇め、その恵みに感謝しながら、陽光と合体する儀礼によって、ナマケモノことインティジャーマの新しい一日が始まるのだ。

ナマケモノには祈りが似合っている。それはナマケモノが体現している「弱さ」のせいではないか、とふと思う。「弱さ」と祈りは相性がいい。一方、強い者には祈りが似合わない。自分の「弱さ」を知っている人、つまり、謙虚な人は祈るが、強がりの人は祈ったりしない。

「強がりの人」と今ぼくは言ったが、最近は、人間全体が強がりの集団なのかもしれないと思うことがよくある。道理で、祈りが生活の中からどんどん消えている。だが、その一方で、祈りに満ちた昔ながらの暮らしをしている人々のこともぼくは知っている。

この世は人間のためにある？

人間が長い間、ナマケモノという動物に対していわれなき偏見を抱いていたらしいことについては前にも触れた。「進化の失敗作」であるナマケモノを馬鹿にするジョークも少なくない。その一つが、木の葉っぱをすべて食べ尽くして、木を枯らし、倒れる木と一緒に地上に落ちて死んでしまう哀れなナマケモノ、というお話だ。

事実はそれと全く逆だということをきみはもう知っているよね。ナマケモノが、木を枯らすどころか、あの命がけの排泄《はいせつ》行動によって、自分の生存の支えである木を助けていることを。

ナマケモノばかりではない。自分の唯一の餌をみすみす枯渇させるようなことを動物たちはしない。と言いたいところだけど、人間を除く動物たち、と言っておいた方がいいかな。

カナダの先住民に伝わるこんな言葉がある。

「最後の木を切り倒す時、最後の川を汚す時、最後の魚を食べる時、人間はやっとわかるだろう、お金は食べられないということが」

ぼくたちはともすると、この世が人間だけのためにあるかのような錯覚を起こす。もしかしたら、アマゾンのシャーマンが言うように、自分たち人間だけが人間と言うにふさわしい存在だというのも、とんだ思い違いなのかもしれない。

イルカも人間である、というあのシャーマンの考えは、実は、それほど珍しいものではない。人類学者が長年にわたって世界のあちこちで調べてきた結果、人間というのは、ぼくたちのような「人」（英語のヒューマン）だけではなく、動物たちもまた一種の人間であると考える文化がたくさんあることがわかっている。特に北アメリカ大陸の北部に住む狩猟民が、動物のことを人とは異なる「人間」（英語のパースン）として認識していることが知られている。

ウサギ人間やヘラジカ人間が、ヒト人間である猟師のもとに贈り物として自らを差し出す。猟師はそれを感謝とともに受け取る。と同時に、猟師は「借り」を抱える。そして、実際に、ヒト社会で昔からしきたりや慣習とされてきた方法――それを人類学では「儀礼」と呼ぶ――で、お返しをする。

それはぼくたちのヒト社会で、プレゼントをもらったら、そのお返しをしなければ、と考えるのと同じだ。これを、贈与交換という。交換とは言っても、店で買ったものにお金を払うというのとは異なる、「贈り物という形をとった交換」だ。でも贈り物は単なる交換ではない。

一方、交換が贈り物であるとは限らない。それどころか、ぼくたちの生きる現代社会では、無数に行われている交換(現代社会ではそれを「経済」という)の中で、贈り物の交換は「例外」とされて、端っこに追いやられている。

問題はここにある、とぼくには思えるのだ。かつて多くの伝統的な社会では、交換とは「贈り物」の形をとるのが普通で、お金を介した現代風の「交換」の方がむしろ例外だったはずなのに、と。

人間の方が「上」なのか？

このなかでいちばんばかで、めちゃくちゃで、まるでなっていないようなのが、いちばんえらい……
（宮沢賢治《みやざわけんじ》「どんぐりと山猫」より）

「動物人間」たちとのつき合い方

カナダのユーコン準州に住むクルアネ民族のもとでフィールドワークを行った人類学者、ポール・ナダスディによると、北方の狩猟民たちは、ヒトだけではなく、多くの動物を含んだ大きな「社会」を想定している。その「社会」では、ヒトだけでなく、ウサギやヘラジカも感情をもったり、考えたりする「人間」として対等に関係し合っている。そして、「動物人間」たちからの贈り物に対して、「ヒト人間」たちは、一連の儀礼を行い、さまざまな決まりごとをきちんと守ることによって応《こた》え、ヒトとそれ以外の動物との間の穏やかで友好的な関係を保とうとしてきたのだという。

例えば、必要以上に狩猟しないこと、動物の悪口を言ったり、からかったりしないこと、ある種の食べ物を食べないこと、獲物の残骸を正しく処理すること。祝宴の場では、ヒトと動物との、切っても切れない親戚のような深い関係を、歌や踊りや演劇で表現する。

ナダスディはこう言っている。このような社会で伝統的に行われてきた狩猟を、猟師が力ずくで動物の命を奪う暴力行為だと考えるべきではない。むしろ、動物と猟師との間に、長い間、成り立ってきた「贈与交換」の関係として考える方が適切だ、と。

とはいえ、狩猟が相手の命をとる行為であることには変わりはない。ナダスディが、クルアネ先住民の地に住みこみ、狩猟を学び始めた時のことだ。自分でかけた罠《わな》の中に、生きたウサギがいるのをはじめて見て彼はショックを受ける。「私は一人であり、自分でウサギの首の骨を折らなければならないことを悟った」。それまでに自分の素手で何かを殺した経験がなかった彼は、夢中で、やるべきことをやった。「その動物は苦しみ、私はみじめな気持ちになった」

落ち込んでいるナダスディに、クルアネの人々はこう諭《さと》したという。殺した動物の苦しみを考えるのは、失礼だ。それはポトラッチの時に、もらった贈り物にけちをつけるようなものだ、と。ポトラッチとは、北米大陸の北西部に住む先住民の間で広く行われた伝統的な祭り。主催者が客に、自分の気前よさを誇るかのように、大量の贈り物をしたり、ごちそうを振る舞ったりすることで知られている。

あるクルアネの女性はナダスディにこう説明したという。

「もし動物が自らを捧げたなら、人は感謝の祈りを捧げ、与えられた肉の贈り物を受け取らねばならない。動物の苦しみを考えることは、贈り物にけちをつけることであり、そもそも、その動物がその人に、自身を捧げるべきであったかどうかについて、疑いの目を向けることだ」

そして彼女はつけ加えた。「こうしたふるまいは、動物を侮辱《ぶじょく》することになり、二度とそのような贈り物を受け取れなくなるおそれがある」と。

この女性が人類学者に教えようとしているのは、単に狩猟の時の心構えではない。

「こう考えればやりやすくなる」といったテクニックのことでもない。ちょっと大げさに聞こえるかもしれないが、彼女は、「この世界がどのようにできているか」についての彼女なりの見方――それを「世界観」という――を話してくれたのだ。

ビーバーになる

実はぼくにもこれと似た経験がある。カナダ、ケベック州北部のツンドラ地帯に住むクリー族の冬の狩猟キャンプに滞在させてもらった時のことだ。ある日、猟師の兄弟について、近くの池へ前日仕掛けた罠を見にいったところ、三頭のビーバーがかかっていた。ぼくはまるで手品を見るような思いで、次々と雪と氷の下から引き出される動物の死体を見ていた。

キャンプへ帰ると早速、女性たちが解体にとりかかる。冬のビーバーは毛皮の下に分厚い脂肪を蓄えている。それを、大型獣の骨をヘラにして巧みに毛皮から剝《は》がしていく。それはゴミも出なければ、血ひとつ出ない終始整然とした作業だ。

その黙々とした作業が終わると、きれいな楕円形《だえんけい》の毛皮の上に、それを今脱がされたばかりの丸裸の白っぽい生きものが、神妙に、仰向《あおむ》けになっている。その姿を見て、ぼくはつい吹き出さずにはいられなかった。滑稽でもあり、哀れでもあったろう。しかし何よりも、いのちの内側を覗《のぞ》きみたような感動を、笑い以外にどう表現したらいいかわからない、という感じだった。

しかし、次の瞬間には、自分が過ちを犯したことをぼくは知った。ぼくの笑いを部屋に集《つど》った人々全員が気まずい沈黙で迎えた。なじるような視線を向けるかわりに、穏やかで優しいクリーの人たちらしく、まるで自分が悪いことをしたとでもいうように、視線を落とすのだった。

夕食はもちろんビーバーのあぶり焼き。ぼくはみんなが建ててくれた専用のテントの中に置かれた薪《まき》ストーブの脇に肉片を吊《つ》るす。すると下の容器がすぐいっぱいになるほど脂《あぶら》が出る。塩もコショウもいらない。これほど濃密な味の肉を食べたことはなかった。旨《うま》い。でもしつこい。これは食べ過ぎに注意しないといけない、と思う頃には、もう食べ過ぎて胸焼けになっている。それほどパワフルな肉だった。

テント中に充満したビーバーの脂の匂いと胸焼けに苦しみながら、ともかくぼくは床《とこ》についた。これがまた一仕事だった。薪が早く燃え尽きないように、ストーブの空気穴をしぼって、ミノムシ形の寝袋に入る。さらにその上に貸してもらったいろいろな動物の毛皮をかけて、ローソクを吹き消し、最後に寝袋のジッパーを引き上げて、頭部をくるむようにして、目以外を覆いつくす。

ぼくは悪夢を見た。それは拷問《ごうもん》らしかった。ぼくはビーバーの毛皮の中にすっぽりと入れられて、凍るように冷たい水の中に沈められ、窒息《ちっそく》する寸前に引き上げられる。その繰り返しだった。だが、次第にわかったのは、自分がビーバーになり始めていて、冷たい水も平気になり、長い時間水中に留まれるようになっていくことだった。

翌朝、ぼくはキャンプの人々にこの夢の話をした。女たちは例によって下を向いたが、ぼくと一番親しいハンターがいつになく少し怖い顔をして、「これからは気をつけなくちゃいけないね、友人」と言った。するとその弟が続けて、「今回はこれくらいですんだからよかった」と言う。本当にそうだ、とぼくも思った。

人はかつて樹だった

毛皮や肉という贈り物をもってきてくれた動物に対してぼくは敬意を欠いていたばか

りか、失礼なことをしてしまった。だから「罰《バチ》が当たった」のだ。今でも、ぼくはそう思っている。

こういう話をすると、「そんなのは迷信だ」という声が聞こえてきそうだ。きみはどう思うだろう？

誤解してほしくないのは、クルアネの人々にしても、ケベック・クリーにしても、「動物は人間だ」と考えているからといって、何も、ヒトと動物とを混同しているわけではない、ということだ。彼らはただ、多くの異なる種類の「人間」があって、ヒト人間はその一種だと考えている。そして、自分たち同士の社会に規則やしきたりがあるように、ウサギ人間との社会関係にも、ヘラジカ人間との社会関係にも、それぞれ別の規則やしきたりがあると考えている。

ここまで、人類学とともに考えてきたことをまとめてみよう。大事なことは、狩猟社会には、強者が弱者を一方的、暴力的に支配するのとは違う、ヒトと動物との関係があるということだ。そこから、改めて、現代日本という社会に生きているぼくたちが、どのように動物と向き合っているかを考え直してみる必要がありそうだ。

ところで、北米の先住民の中には、動物ばかりでなく、樹木のような植物、さらに岩石のような無生物さえ、知的な存在であり、みな一種の「人間」なのだと考えている人々がいたし、今もいる。彼らは、木との関係や石との関係をも、「人間」同士の社会的な関係としてとらえている。

良好な関係をつくり、保つためには、当然、コミュニケーションが大切だ。先住民の中に、動物の声、植物の声、石の声、森の声、川の声を聞き取り、それらと、同じ「人間」同士として語り合うことのできる人々がいたとしても、驚くにはあたらない。

ぼくたちの現代社会では、そういう能力をもった人のことを「詩人」と呼ぶのかもしれない。ここでまた、最近亡くなったばかりの、大好きな詩人、長田弘《おさだひろし》の詩を引用したくなった。『人はかつて樹だった』という詩集の中にある詩から……。

タンポポが囁《ささや》いた。ひとは、
何もしないでいることができない。
キンポウゲが嘆いた。ひとは、

何も壊さずにいることができない。
……（中略）……
タビラコが呟《つぶや》いた。ひとは未《いま》だ、
この世界を讃《たた》える方法を知らない。（「草が語ったこと」より）

先住民の生き方、考え方を通じて、強い人間が弱い自然界を支配するというのとは、全くちがう、人間と自然とのもっと対等でバランスのとれた関係について、見てきた。

一方、ぼくたちの現代社会の姿はどうだろう。そこでは「唯一の人間」を自称する「ヒト人間」たちが、他の命を命とも思わない暴君ぶりを発揮しているではないか。それはもう「百獣の王」ライオンどころの騒ぎではない。そこでは自然は単なる資源として、ヒトが勝手気ままに利用するためにあると考えられている。動物の多くが家畜化され、食料となり、野生動物は害獣として駆除されたり、ペット化されたり、観光資源と見なされたり……。

今のぼくたちの社会にとって、狩猟社会はすでにはるか昔のお話。まだあったとしてもどこか遠い世界のことと考えられがちだが、きみにとってはどうだろう？　でも実は、過去は過去でも、意外と近いところに、ヒトと動物との豊かな心の交流の記録が残っている。宮沢賢治の一連の物語だ。それなら、きみも読んだことがあるかもしれないね。

狩猟と言えば、真っ先に思い浮かぶのは「注文の多い料理店」だろう。狩猟とは言っても、これは伝統的な狩猟社会のできごとではない。ハンター気どりの「紳士」ふたりが、娯楽のために狩りをしようと、ピカピカの鉄砲を担いで、山奥にやってきたのだ。

「なんでも構わないから、早くタンタアーンと、やって見たいもんだなあ。」

「鹿の黄いろな横っ腹なんぞに、二三発お見舞いもうしたら、ずいぶん痛快だろうねえ。」

こんな態度を見て、北方の狩猟民ならなんと言うだろう？　それを考えただけでも冷や汗が出る。

第3章

野生との和解に向けて

「人間が上」が当たりまえか

…どんなこどもでも、…あらゆる魚、
あらゆるけものも、あらゆる虫も、みんな、みんな、
むかしからのおたがひのきやうだいなのだから…（宮沢賢治《みやざわけんじ》「手紙四」）

注文の多い料理店

山奥で道に迷い途方にくれた都会のハンターたちは、そこに現れた「西洋料理店　山猫軒」という看板のある家に入る。「注文の多い料理店ですからそこはご承知ください」という注意書きを、二人は、はやっている店なので注文が多く、料理が出てくるまで時間がかかる、ということだと思いこむ。次から次に現れる扉の上の指示にひとつずつ従っていくうちに、二人はやがて、最後の、「からだ中に、壺《つぼ》の中の塩をたくさんよくも

み込んでください」というのを読んで、ようやく、「どうもおかしいぜ」と気づき始める。そして、注意書きはすべて二人を料理して食べるための下準備であり、そのために山猫たちがつけた「注文」だったのだ、と知る。

あまりの恐ろしさにガタガタと震え、泣き出した二人の顔は紙くずみたいにしわくちゃに。

結局、二人はあわやというところで猟犬や本物の猟師に命を助けられて、東京に帰る。しかし一度しわだらけになった顔は、もうそれっきり元には戻らなかった、というお話。

何度読んでも、ゾクッとさせられる。「西洋料理店」とは、「客に西洋料理を食べさせる店」ではなく、「客を西洋料理にして食べる店」だったわけだ。その意味では、「西洋料理店」という看板に偽りがあったわけではないし、「注文が多い」というただし書きにしても、それ自体は嘘《うそ》ではなかった。

二人の解釈が間違っていたのだが、たぶん他の人だって同じように考えただろう。そこが怖いところだ。狩猟と言えば、人間が動物を殺すことであり、料理と言えば人間が他の生きものを料理することであり、注文と言えば、人間が自然界に対してつけるものだと、ぼくたちは考える。そして、もしかしたら、その逆がありうるかもしれない、と想像してみることはまずない。

人間↓動物、人間↓人間以外の生きもの、人間↓自然界。こんなふうに、いつだって、矢印は人間から他のものへと、一方に向いている。働きかける側（主体）はいつも人間で、相手はいつも働きかけを受ける側（客体）だ。矢印が逆を向く可能性に、ぼくたちがなかなか気づかないとすれば、それはなぜなのだろう？

それは、「人間」と「他のもの」の間に、暗黙のうちに上下関係が想定されているからだろう。矢印が上から下へと向いているのは、水が上から下へと流れるのと同じように、当たりまえのことだ、とぼくたちは思いこんでいるようだ。

きさまらのしたことはもっともだ

狩猟に関する賢治の話に、「氷河鼠《ひょうがねずみ》の毛皮」がある。

厚い毛皮の防寒具をまとった乗客たちが、イーハトヴ発「最大急行ベーリング行」で旅行中、仮面やマフラーで素顔をかくした白熊などの野生動物たちの襲撃を受ける、という物語だ。

襲撃者たちのねらいは乗客の一人、大富豪のタイチ。彼はふだんの冬の服装の上に、ラッコの毛皮を裏地にした内外套《うちがいとう》、ビーバーの毛皮の中外套、表も裏も黒キツネの毛皮でできた外外套などを着込み、おまけに上着は、四百五十四匹分の氷河鼠の首の部分の毛皮だけでつくられている。今回列車に乗ったのは、「黒キツネの毛皮九百枚をもち帰ってきてみせる」という賭けをしてしまったからだという。自分の富をひけらかし、酒を飲んで他の乗客にからむタイチのまるで「馬鹿げた大きな子供の酔いどれ」みたいな態度に、みんな、腹をたてたり、呆《あき》れたりしていたのだった。

告発を受けたタイチが襲撃者によって外へとまさに連れ出されようとするとき、乗客の船乗りらしい青年が襲撃者の一人からピストルを奪い、逆に人質にとって、その仲間たちにこう叫ぶ。


おい、熊ども。きさまらのしたことは尤《もっと》もだ。けれどもなおれたちだって仕方ない。生きているにはきものも着なけぁいけないんだ。おまえたちが魚をとるようなもんだぜ。けれどもあんまり無法なことはこれから気を付けるように云《い》うから今度はゆるしてくれ。

最後はあっけない。タイチと人質は解放され、襲撃者たちはみな降りて、列車はまた動き出す。「今度はゆるしてくれ」という船乗りの青年の要求があっさり受け入れられたのは、なぜか。それは青年の言葉が、相手にとって説得性をもっていたからだろう。このことについて考えてみよう。

作者の賢治は、まず青年の言葉を通じて、「ささまらのしたことは尤もだ」と、襲撃者たちの動機を肯定してみせる。だが同時に、人間が毛皮をとるのは、熊が魚をとって食べるのと同じように、生きものとして「仕方ない」ことだと言う。その上で青年は、「あんまり無法なこと」をこれからはしないようにすると言う。ある程度はしかたがないが、あまりひどいことはつつしむ、というわけだ。それは青年が自分のことを言っているようでもあり、タイチの代わりに言っているようでもある。またそれは、人間を代表して言っているようにも聞こえる。

つまり、人間として、生きていくために必要な範囲を、大きく越えるようなことはしないようにする。もっと言えば、生きものの世界に本来あるべき〝法〟に背かないように生きるようにする、ということだろう。そうすることで、人間と動物との間になるべくフェアで、公正な関係をつくり、保っていかなければならない。前にも見たように、これこそが、狩猟社会をはじめとする多くの伝統社会が、神話や伝説や昔話を通じて伝えてきたメッセージでもある。

「氷河鼠の毛皮」をとりあげて、人類学者の中沢新一が「圧倒的な非対称《ひたいしょう》」と題する文章を書いたことがある。そこで中沢は、あの物語の中の野生動物たちによる襲撃を、人間たちに対する一種の「テロ」として見る。彼によると、作者の賢治は、こうした「テロ」を引き起こす原因として、人間界が野生動物に強いてきた極端な不公平——それを中沢は「圧倒的な非対称」と呼ぶ——があると指摘したのだ。

この文章を中沢が書いたのは、二〇〇一年のニューヨーク同時多発テロとそれに続く対テロ戦争、そして狂牛病によって世界中に不安が渦巻いていた時のこと。中沢が言うには、テロも狂牛病も同じ原因から生まれる。つまり、どちらも「圧倒的な非対称」が生みだした病気なのだ、と。

現代世界は「貧しい世界」と「富んだ世界」に、弱者と強者に、敗者と勝者に引き裂かれ、その富と力の格差はますます大きく、圧倒的なものになりつつある。またこれと並んで、人間界と動物界の間も、これまでは保たれていたはずの微妙なバランスが崩れて、「支配・被支配」の関係が、ますます一方的で、暴力的で、無慈悲《むじひ》なものとなっている。

中沢によると、世界を荒廃に導くこのふたつの「圧倒的な非対称」は偶然生まれたわけではない。どちらも現代文明にもともとそなわっている性質が表れたもので、互いに切っても切れない関係にある。

しかし、と彼は言う。かつて、人間界と動物界の間の格差や不公正が大きくなりすぎないようにしてきた社会――それを対称性社会と呼ぶ――が世界中あちこちにあったし、今もまだわずかに残っている。そこに注目しよう。そして、「対称性社会の住人ならば、これをどんなふうに思考して解決に導こうとするだろうかと考えてみる」ことだ、と。

何がほしくておれを殺すんだ

「対称性」という言葉で思い出すのは、猟師と動物とのやりとりを描いた賢治の作品「なめとこ山の熊」だ。少し長くなるが、あらすじを書き出したい。

熊とり名人の小十郎は、原生の森をのし歩いては、熊を撃ち、その毛皮と胆のう（それを干した「くまのい」は漢方薬として珍重《ちんちょう》される）をとって、生計をたてていた。そんな彼に、しかし、なぜか、なめとこ山周辺の熊たちは好感をもっているのだと、語り手（賢治）は言う。そして小十郎の方でも、「もう熊のことばだってわかるような気がした」と。

例えば小十郎は、撃ち殺したばかりの熊のそばに寄ってきてこう言う。

「熊、おれはてまえを憎くて殺したのでねえんだぞ」

そして、本当は他の仕事をしたいのだが、農業も林業もできず、しかたなく、熊とりをしているのだと語りかける。

早春のある日、熊の母子に出会った時のこと。

「まるでその二疋《ひき》の熊のからだから後光《ごこう》が射すように思えてまるで釘付《くぎづ》けになったよう

に立ちどまってそっちを見つめていた」

そして、しばらく熊の母子の会話に耳を傾けた後、小十郎は「音をたてないようにこっそりこっそり戻りはじめ」、結局、撃たずにすませる。

語り手は、町に毛皮とくまのいを売りにいく時に小十郎が感じるみじめさについても語る。商人たちは、危険な仕事はしないくせに、猟師の足もとをみて、ひどい安値で買いたたく。

ある時、小十郎が熊をもう少しで撃つところで、その熊が両手をあげて叫ぶ。

「おまえは何がほしくておれを殺すんだ」

そう言われてみると、彼には熊を殺すだけのしっかりとした理由がないように思える。食べ物を買う金のために熊をとるのだが、その金がなくても、山にあるどんぐりなどを食って生きていく方がいいような気もする、そしてそれでたとえ死ぬことになってもいいような気がする、と彼は熊にうちあける。

すると熊は、自分も死ぬのはかまわないのだが、少し残した仕事もあるので、もう二年ばかり待ってくれないか、と小十郎に頼む。

それからちょうど二年目、自分の家の前で、あの時の熊が倒れているのを見て、小十郎は「思わず拝むようにした」。

最後に、小十郎は熊撃ちの最中に死ぬ。意識が遠のく中で、彼は熊の言葉を聞いた。

「おお小十郎おまえを殺すつもりはなかった。」

……そしてちらちらちらちら青い星のような光がそこいら一面に見えた。

「これが死んだしるしだ。死ぬとき見る火だ。熊ども、ゆるせよ。」と小十郎は思った。

それから三日目の晩のこと、凍りついた小十郎の死体のそばで、熊たちが雪の上に輪になり、ひれ伏して祈っていた。

小十郎の顔はまるで生きてるときのように冴《さ》え冴《ざ》えして何か笑っているようにさえ見えたのだ。

対称性社会の住人

この物語は、その前の「注文の多い料理店」「氷河鼠の毛皮」に比べてどうだろう。前のふたつが、文明と野生との間の非対称を少し大げさに戯画化して描いていたのに対して、ここでは、小十郎と熊たちとの間に成り立っている、敵対的であると同時に親密な関係を、リアルに描いている。

前のふたつの話に出てくる、都会の紳士たちと山猫、タイチと寒い地方の動物たちとの関係は、ここでは、小十郎から毛皮などを買う商人と熊たちとの関係にあたる。その間に立っているのが小十郎だ。

そう言えば、小十郎と商人とがやり合う場面で、語り手の賢治はこう言っていた。

日本では……狐《きつね》は猟師に負け、猟師は旦那に負けるときまっている。ここでは熊は小十郎にやられ小十郎が旦那にやられる。旦那は町のみんなの中にいるからなかなか熊に食われない。

ここで「旦那」と呼ばれる町の商人は、最後に熊にも「やられる」小十郎と対比されている。小十郎が、「やったり、やられたり」という連鎖の中にいるのに対して、商人だけは「食われない」、そして「負けない」。それはまるで、すべての生きものたちが「食べたり、食べられたり」という関係でつながっている「食物連鎖」の輪の中から、人間だけを除外している文明のあり方を象徴しているかのようだ。

金という権力をふりかざす商人が、小十郎にみじめな思いをさせる場面を描くのは、「実にしゃくにさわってたまらない」と、書き手としての賢治はぼやいている。そして、「こんないやなずるいやつら」は、世界がだんだん進歩していけば、ひとりでに消えてなくなっていくにちがいない、とつぶやいて自分をなぐさめる。

それから百年後、「こんないやなずるいやつら」は消えてなくなるどころか、ますます世界に増え続けているのではないか。そして、強い者はますます強く、弱い者はますます弱くなっているようにぼくには見えるのだが、この様子を賢治が見たらなんて言うだろう⁉︎

それはともかく、この物語の肝心なところは、小十郎のその「みじめさ」であり、「かなしさ」だ。熊を殺す立場にある小十郎だが、彼が生きていたのは、熊たちにごく近い場所。彼もまた中沢の言う「対称性社会の住人」なのだ。

小十郎と熊たちは互いの「弱さ」を通じて、コミュニケーションをはかり、理解し合い、つながる。そして彼らはともに、商人に代表される「強さ」の都市文明から遠く隔てられている。

自然界へと通じる道

山猫からも葉書が来なくなってしまった。
あの明るく楽しい広場はどこへ消えてしまったのだろう。（井上ひさし）

あらゆるものの共有地

さて、賢治の三つの童話を通して人間と動物との関係について考えてきた。他にもたくさんあるので、ぜひ、きみも読んでみてほしい。「オッペルと象」、「セロ弾きのゴーシュ」、「よだかの星」、「雪渡り」、「蜘蛛《くも》となめくじと狸《たぬき》」、「土神ときつね」……。

読んでいくうちに、それらを貫いている一つのキーワードが見えてくるはずだ。それが「弱さ」だ。賢治の物語の多くは登場する人々、動植物や精霊たちの「弱さ」をめぐって展開する。どんな生きものにも、弱さがあり、それが「困難」や「かなしみ」の原因ともなるのだが、結局のところ、それらの弱さがつながり合うようにして、生きものの世界全体としての調和をつくっている。

だが、問題は人間だ。まるで自分たちだけは例外であるかのように、生きものからなるコミュニティの外側にふんぞり返っている。それを象徴しているのが、「注文の多い料理店」のハンターたち、「氷河鼠の毛皮」のタイチ、「なめとこ山の熊」の商人。彼らは「弱肉強食」を地で行く者たちだ。

ではその人間たちが、もう一度、世界の住人にふさわしい生き方をとり戻すことはできるのか。そのためにはどうしたらいいのか。そう問いながら、賢治は多くの作品を書いたのだとぼくは思う。

前に、アマゾン源流地域でぼくが出会ったシャーマンについて話したね。他の動植物や精霊が棲《す》む山や森とのコミュニケーションをとって、人が住む「里」との良好な関係をつくるために活躍する人たちのことをシャーマンと呼ぶのだとしたら、宮沢賢治も、一種のシャーマンだったのかもしれない。

賢治が死んだ翌年に、同じ東北地方に生まれた作家、井上ひさしは、賢治の物語を集めた本の「解説」の中で、「たぶん賢治の作品が一つの例外もなく、あのつめくさ《クローバー》の匂いを立ちのぼらせている」ことに注目している。

きみも四つ葉のクローバーを探したことがあるかもしれないね。ツメクサとはそのクローバーのこと。

井上によると、そのツメクサが敷きつめた風景こそが、東北の田園らしさを代表するものだった。それは絨毯《じゅうたん》のように、運動場、水田、果樹園、桑畑をとりまき、その先はササやススキからなる野原へと続いていた。その向うはもう山裾の自然林、さらに奥は山。賢治とその同時代人のそんなメンタルマップ（心の地図）の中で、ツメクサのあるところだけが、人間の「領分」、つまり、人間が自由勝手にふるまえる場所だということを人々は十分に承知していたようだ、と井上は言う。一方、山では人間は謙虚にしていなければならない。なぜなら、「そこは動物たちの領分なのだ」から、と。

井上は続けて、人里と山との中間に広がる空間についてこう言っている。

ではつめくさと山との間に広がる野原や林は誰の縄張《なわば》りかといえば、それこそ人間と動物とが、樹木や草花など植物の立会いの下に、対等の資格で出会うところである。風や光までも含めたありとあらゆるものの共有地、交歓《こうかん》の場なのである。

二元論を超えて

「山と里」、「動物世界と人間世界」、「自然と文明」というふうに、世界を、ふたつの相反する領域からなるものとして見る方法を二元論という。二元論それ自体が悪いのではないが、「人間か、さもなければ自然か」というように、二者択一《たくいつ》で、つまり、まるでこのふたつのどちらかしかないかのように考えるとすれば、それは問題だ。

また「人間は動物より優れている」というふうに、片方をもう片方の上に置いて、上下や優劣の関係としてみることもよくある。極端な場合は、人間が「○」で自然が「×」であるかのように、考えてしまう。さらに「光対闇」、「正義対悪」のように、世界を相対立する二者の闘いの場とする見方も珍しくない。

こうなると、二元論はさまざまな問題を引き起こすことになる。「人間対自然」という視点から、歴史の「進歩」を理解しようとしたり、科学技術が引き起こす環境破壊を正当化したり、というのもそうだ。

「自然対人間」という困った二元論は、しかし現代世界に大きな影響力をもってしまっている。そこからなんとか抜け出るにはどうしたらいいか。そのための道筋が、賢治の文学の中にある、と井上ひさしは考えたのだ。里と山との間に広がる「あらゆるものの共有地」。それは里でもなく、山でもなく、でも見方によっては、同時に里でも山でもあるような空間。これが最近、メディアでもよく使われるようになった「里山」という言葉の、もともとの意味なのだと思う。

そこでは、自然と人間とが、「対等の資格で出会う」、そして、互いを受け入れ、認め合い、交流を深める。また、井上によれば、「すべてのものがすべてのものに理解できる不思議なコトバ（賢治がたまたまそれを日本語で書きとめたにすぎない）を使うのもここだ」。

そう考えれば、ツメクサとは、その里山という共有地へと、「人間を案内するための緑の絨毯《じゅうたん》」だったのだと、井上は言う。つまり、「里」は人間たちの縄張りでありながら、その先にある自然との交わりの場である「里山」へと、そして、さらに奥にある野生の縄張りとしての「山」へと通じていた。

しかし、今では、その田園の風景は大きく変わってしまった、と井上は嘆く。

いま、つめくさは疎まれ、どこもかしこもアスファルトやコンクリートや鉄や芝《しば》生《ふ》ばかり。……（中略）……山猫からも葉書が来なくなってしまった。あの明るく楽しい広場はどこへ消えてしまったのだろう。

「どんぐりと山猫」なら、きみも絵本などで読んだことがあるかもしれない。井上が言う「あの明るく楽しい広場」とは、そのお話の中で、山猫からの招待を受けた少年、一郎が訪れ、どんぐりたちの間に起こった争いについての裁判に出席することになる、森に囲まれた「黄金いろの草地」のこと。

それは、井上の言う、里と山とが、人間と自然とが、対等に出会い、混じり合い、交流する場所。それはどこへ消えてしまったのか、と自問した井上は、「そこを探し当てるため」にこそ賢治の作品を役立てよう、と読者に呼びかける。そうすれば、そこに

「きっと辿《たど》りつけるはず」だから、と。

山猫からの葉書を受けとるには

でも、とぼくはふと思うのだ。「山猫からも葉書が来なくなってしまった」と井上ひさしが言うように、野生動物たちからのメッセージは本当にもう来なくなってしまったのだろうか、と。来ているのに、気がつかないだけかもしれない。ラインやツイッターのメッセージをやりとりするのに忙しくて……。

「どんぐりと山猫」の一郎は、たしかに、かなり変わった少年だ。葉書を見た彼は、うれしくて、うれしくて、「うちじゅうとんだりはねたり」。葉書には、どこへ、どう行けばいいのか、など、ぜんぜん書いてなかったのに、一郎はどんどん山に入り、木や滝やリスに道をたずねながら、とうとう目指す金色の草地にたどり着いてしまう。まるで用意されていたテストを次々にクリアしていくように。

そこに現れた山猫は、ドングリたちの争いをめぐる裁判で困っていて、一郎の考えをききたい、という。

裁判では、集まってきた何百というドングリたちが、「誰が一番えらいか」をめぐって言い争う。えらいのは、頭のとがっているもの、丸いもの、大きいもの、背の高いもの、それとも、押しっこの一番強いもの？

裁判官役の山猫から、最後に意見を求められた一郎が言う。


そんなら、こう言いわたしたらいいでしょう。このなかでいちばんばかで、めちゃくちゃで、まるでなっていないようなのが、いちばんえらい、とね。


そのアドバイスのとおり、山猫は判決を下す。すると、それまで大騒ぎしていたドングリたちはしいんとして、かたまってしまった。それで一件落着。一郎は難しい裁判をあっという間に解決してしまった、というお話。

これはたしかに見事だ。だって、さすがのドングリたちもまさか、われこそ、一番ばかで、めちゃくちゃだ、とは言えないだろうから。

「ドングリのせい比べ」ということわざをきみは知っているかな？　それは、どれもこれも似たりよったりで、特に優れたものがいないことのたとえ、だ。ドングリは形も大きさも一様で差がほとんどないので、比べても意味がない、ということわざに対して、作者の賢治が「どんぐりと山猫」にこめたメッセージは、まったく別のもの。つまり、ドングリはひとつひとつがみなちがうので、どれが優れているとか劣っているとかと決めることはできないし、決めようとすることには意味がない。つまり、ことわざの「同じだから比べられない」に対して、賢治のは「ちがうから比べられない」。

同じ種《しゅ》の動植物はみな同じように見える。一見、似たりよったりに見える自然現象の中に、でも、賢治は限りない多様性を見る。この限りなく広大な自然界の中に、二つと同じものはない。無数にある石ころだって、みんなちがっている。多様性とは自然の別名と言ってもいいくらいだ。

ぼくたちが前に見た「世界に一つだけの花」のように、どのドングリもナンバーワンではないが、どれもがオンリーワンなのだ。こうして一郎少年（賢治）は、現代社会で重要視されている「比較」や「競争」の中にひそむ危険な落とし穴のことを、ぼくたちに思い出させてくれる。

自然界が人間界に向けて送り続けているメッセージを、ぼくたちがもう一度聞きとれるようになるにはどうしたらいいのだろう。そして、「すべてのものに理解できる不思議なコトバ」をちゃんと話せるようになるには？

シャーマンのように特別な能力をもたないまでも、本来、ぼくたちのだれもが自然界からのメッセージを受信するアンテナのようなものを、もっているのではないか、とぼくは考えている。でも、現代社会では、そういう能力をよくないものと見なしたり、危険視したりする。それで、ぼくたちのアンテナは使われないまま、すっかりさびついてしまったのではないだろうか。

また、賢治や井上が大好きだった「つめくさの絨毯」のように、森へと通じる小道が、今では「アスファルトやコンクリートや鉄や芝生」におおわれて見えにくくなっていることもたしかだ。どうすれば、自然界へと、野生の世界へと通じる、その道筋を再発見することができるだろう？

第4章

「弱さ」が輝き始めるとき

自然は人間に何を求めているのか？

野生が我々に求めているのは、土地について学び、すべての鳥や動植物に黙って挨拶し、流れを渡り、尾根を越え、家に帰って楽しい話をすること。（ゲーリー・スナイダー『野生の実践』）

野生へと通じる小道

日本だけでなく、今世界中で、「農」が人気を集めている。若い世代には、農的な暮らしを求めて都会を後にする人が少なくない。職業としての農業を志す人、家族のための食料自給を目指す人もいるが、たいがいはベランダや庭や市民農園などでの小規模のガーデニングから始まる。それもまた自然界とのつながり直しに向けた一歩なのだろう。「森のようちえん」と呼ばれる幼稚園が全国に増えている。これは、本来、人間に欠かすことのできない大切な自然体験が、現代社会の中で極めて少なくなったことへの反省から、北欧やドイツの教員や親たちが始めた運動だ。

「森のようちえん全国ネットワーク」のホームページには、「大切にしたいこと」として、まず、「自然はともだち」、「いっぱい遊ぶ」、「自然を感じる」「自分で考える」といった合言葉が並んでいる。そして、目標として、「自然の中で、仲間と遊び、心と体のバランスのとれた発達を促す」こと、「自然の中でたくさんの不思議と出会い、豊かな感性を育《はぐく》む」こと、「子どもの力を信じ、子ども自身で考え行動できる雰囲気をつくる」ことなどがあげられている。

おもしろいのは、こうした教育が、子どものためにだけあるのではない、という考え方だ。子ども、親、保育者が、自然の中で「共に育ちあうこと」が大事だという。

ぼくが勤める大学で、ぼくは学生たちと一緒に、キャンパス内外の田んぼや畑で作物を育てている。すべて手作業で、化学肥料や農薬も一切使わない。はじめのうちは国際学部なのに、なんで？　と首を傾《かし》げる人もいたけど、ぼくは国際人よりもっと先を行く「地球人」になるためには、何より、「自然の一部として生きている自分」を見出す必要がある、と信じている。

そういえば、ぼくの大学では、ここ数年、キャンパスでヤギを飼っている。草地に放しておけば、草刈りをしてくれるので助かるという実用的な理由もあるだろうが、何よりも、町のただ中に現れた「動物たちのいる風景」が、ぼくたち人間のうちに、忘れかけていた何か貴重なものを呼び起こすのだ。

文明VS自然という二元論

文明というものは二元論的だ。そもそも、「文明（英語のcivilization）」という言葉は「町」を意味する言葉からできた。その「町」とは、自然という領域の対極にある人間だけの領域としての町だ。二元論は、都会でもあり田舎《いなか》でもあるとか、里でもなく山でもない、といった「どっちつかず」を嫌う。そして人間と自然とをきっちりと区別し、切り離そうとする。だから文明は、人間と自然との混じり合いや交流にも冷淡だ。

こうして人間が自然から断ち切られることによって、さまざまな問題が起こり始める。「自然欠乏障害」とか「自然欠乏症候群」とかと呼ばれる病気が、世界のあちこちで話題になっている。特に都市化が進んだ国々では深刻さが急速に増している。この病気は一人ひとりがかかるものだが、現代世界で「環境問題」と呼ばれる社会的な〝病気〟も、実は、人間と自然の分離ということにその根っこがあるのだとぼくは考えている。

人間としての自分が自然と地続きであることが感じられなくなり、自分が実は自然の一部であることがわからなくなってしまえば、自然は自分と関係のない単なる「他者」となり、「物」となる。それはさらに単なる「資源」でしかなくなる。そうなれば、自然はもう、人間が自分のために支配し、利用するべき対象でしかない。こうして、「支配する強者としての人間」対「支配される弱者としての自然」という二元論的な図式ができあがってしまう。

環境の汚染や劣化や混乱といった環境問題はよく、「痛めつけられた、みじめでかわいそうな自然」として描かれる。ほら、あの「油まみれの海ドリ」、「氷を求めて海をさまようシロクマ」といったよく目にするイメージだ。

「環境によい」とか、「自然にやさしい」という言い方をきみも聞いたことがあるだろう。思えば、これはとても変な表現だ。まず、環境や自然を自分から離れた場所に存在する「他者」として区別した上で、自分よりも下のものとして「上から目線」で見下しているのだ。そういう見方は、環境活動に熱心な人の中にもある。どこかに、「かわいそうな自然を救おう」といった発想がひそんでいるようなのだ。この場合にも、自分が自然の一部だという意識が欠けている。

そういうわけで、自分の内なる自然への感受性を高めること、そして同時に自分の周りに、自然との一体性を体感できる機会を意識的につくっていくことが大切だ。どうやら、「森のようちえん」をぼくたちみんなが必要としているようだね。

世界は耳を澄ましている

長い間、自分と自然とを隔ててきた何重もの防壁を、ひとつずつとり払っていく。それは勇気のいることだ。きっと自分の弱さや脆《もろ》さと向き合うことになるから。でも、「弱さ」を知ることで、きみは謙虚になれるだろう。謙虚は、繊細さや感受性の高さに通じる。それは、「強さ」と見なされているものが、しばしば傲慢や鈍感を意味するのと対照的だ。

「弱さ」のパワーとはそういうものなのではないか、とぼくは思う。賢治《けんじ》がそうしたように、ぼくたちも耳を澄ます。するとやはり耳を澄ましている世界が感じられる。

世界はただ見ているだけではない、耳を澄ましてもいる。……（昔ながらの教えによれば）人間以外の存在は、自分たちが殺され、食料として食べられるのを気にしてはいない。だがその際、彼らは、喜びと感謝の言葉が人間の口から聞かれることを期待しており、自分たちが粗末に扱われることをひどく嫌う。（ゲーリー・スナイダー）

アメリカ人の詩人ゲーリー・スナイダーはここで、ただ単に野生動物と狩猟採集民の関係のことを話しているのではない。どこに住んでいようと、それが一見自然と切り離された都会だったとしても、ぼくたちはだれもみな、生きものを食べることによって自分のいのちを養う生きものであることに変わりない。その意味では、ぼくも、きみも、一種の〝野生〟なのだ。

大自然を求めて遠くに出かけていく必要はない。ぼくたちはどこにいても、否応なしに自然界とつながっているのだし、そもそも自分の身体そのものが、大自然なのだ。石器時代の昔から、人間の身体機能は基本的に同じだ。他の哺乳類と同様に、物音に思わず振り向いたり、高所で目まいがしたり、興奮すると動悸《どうき》がしたり……。野生がちゃんとここにある証拠だ。

スナイダーによれば、現代人はその野生を無視したり、下に見たり、敵視したりすることで、自由になるどころか、逆に大いなる不自由を抱え込んできたのだ。一方、人間たちからひどい仕打ちを受けても、野生はとても我慢強く、寛容だ。

野生が我々に求めているのは、土地について学び、すべての鳥や動植物に黙って挨拶し、流れを渡り、尾根を越え、家に帰って楽しい話をすること。

これって、「求めすぎ」だと、きみは思うだろうか。

牛は神さま

世界中の伝統文化では、動物を軽蔑したり、見下したりするどころか、神聖な存在としてあがめることも珍しくなかった。たとえば、インドでは、昔から牛が神聖な存在だと見なされてきた。

ぼくが仲間たちとつくった『いのちの種《たね》を抱きしめて』という、インドの科学者で環境運動家のヴァンダナ・シヴァへのインタビューを中心とするドキュメンタリー映画の中に、彼女が設立したナヴダーニャ農場を訪ねるシーンがある。「あなたにとって牛とは何?」とたずねるぼくに、ヴァンダナはこう答える。

「インドの世界観によれば牛は宇宙そのもの。だって、人間が必要なもののほとんどを与えてくれるから」

まず牛は農作業や運搬の仕事を担う貴重な労働力だ。牛の排泄物《はいせつ》もインドの農業にとってなくてはならないもの。それさえあれば、大地は肥沃《ひよく》であり続け、藁《わら》と混ぜて乾燥させればそのまま燃料にもなるし、バイオガスとしても使える「再生可能エネルギー」だ。浄化作用や防腐性があるので、石けんとしても、壁材としても使われてきた。尿もこして灌漑《かんがい》用水に混ぜて使えば、これまた万能肥料。
それらすべてに加えて、栄養たっぷりのミルクや乳製品という貴重な食べ物を与えてくれる。ヴァンダナは、有機農業を進めるうちにいかに牛が重要かを思い知らされた。そして気づく。「聖なる牛」という考えは、単なる非科学的で古臭い迷信などではなく、実は、深遠なエコロジー思想に基づいていたのだ、と。

この美しい生きものさえいてくれれば、石油は不要。すべての環境問題の答えがここにある。これこそが本当の豊かさというものよ。

一方、これだけの贈り物を与えつづける牛たちが、人間に求めるものは何か。少しばかりの世話、人間が食べない草や藁といった食料。そして、多分、感謝と敬意。それだけだ。聖なる牛という、古代からのインドの信仰は、自然の大いなる恵みに対する人間側からのひとつの応答だったのだろう。

ニワトリへの暴力と人間同士の暴力

何百年、何千年という長い歴史の中で培われてきた人間と動物の関係が壊された後には、何が現れるのだろう。ぼくはもう十年以上前に、ヴァンダナが家畜について書いた文章を読んで、ショックを受けたことがある。それは二〇〇三年の終わりから、翌年初めにかけて、世界中が鳥インフルエンザをめぐるパニックに陥っていたころだ。その時だけで、アジアを中心に一億にものぼるニワトリが「殺処分」されたといわれる。

ヴァンダナは、こういう病気が発生する背景として、われわれ人間が、ニワトリたちをどう扱ってきたか、にこそ注意を向けるべきだ、と言った。

ケージにぎゅうぎゅう詰めにされたニワトリは、電気による人工的な光を浴びながら、餌を食べつづける、卵と肉の製造マシーンと化している。これ以上ないというくらい不健全なこれらの生きものたちをなんとか生きながらえさせているのは、大量に投与される抗生物質などの薬品だという。

それぞれの生きものには、それが自分らしく生きるのに必要な最低限の条件というものがある。それが奪われた時、その生きものに何が起こるのだろう。ヴァンダナによれば、その生命は、混乱し、不安定化し、劣化し、さらに暴力化する。家畜に見られる「とも食い」現象はその表れだという。ニワトリがくちばしで突つき合い、放っておけば、相手が死ぬまで攻撃してしまう。それでは困ると、養鶏業者は、あらかじめニワトリのくちばしを抜いておくことにする。でも、それが問題の本当の解決であるはずはない。

ヴァンダナは、ここからさらに一歩踏みこんでこう言った。こんなふうに人間が家畜に対して暴力的であることと、人間同士がお互いに対してますます暴力的になっていることとは、深く関係しているにちがいない。家畜に起こっているのと同じことが人間の世界でも起こっているのではないか。つまり、他者に向けられた暴力であるテロも、自分に向けられた暴力である自殺も、ともに、生きものである人間が、人間らしく、生きものらしく、自然と調和して生きていくために必要な、最低限の条件を奪ったり、奪われたりしていることの結果ではないのか。

ヴァンダナはこうつけ加える。そうだとすれば、「テロに対する戦い」なるものも、問題の解決どころか、とも食いを防ぐためにニワトリのくちばしをあらかじめ抜いておく、というくらいの意味しかもちえないだろう、と。

「民主主義」を定義し直す

この一枚の紙のなかに雲が浮かんでいる。(ティク・ナット・ハン)

自然と女性

科学者でもあり、哲学者でもあるヴァンダナ・シヴァによると、自然界に対する人間のこうした暴力的な態度は、一七世紀から現代にいたる近代科学の中に根づいた「人間対自然」という二元論からやってくるものだ。そこでは、切り離された人間と自然が、一方は上位で、他方が下位というふうに、「優劣」「強弱」「上下」の関係におかれる。

近代科学は、それまで「母なる大地」や「神聖な生命」として敬われていた自然を、「機械」や「資源」という単なる「モノ」に変えてしまった、とヴァンダナは言う。万物を産みだし、育む、たくましい母親のようだったそれまでの自然は、生命力を失い、受け身一方で、操作可能な単なる〝モノ〟へと落ちぶれてしまった。ただの〝モノ〟になってしまえば、もう、それまでのように、「自然を敬え」とか「自然を汚してはいけない」とかと、人間が自分自身に言い聞かせてきた「倫理的な制約」もすべてとり払えることになる、と。

そして、それこそが、科学技術の飛躍を可能にしたのであり、経済の急速な成長による富の増大を可能にしたのだった。そして自然界の生きものたちは単なる生産マシンと化して、膨らむばかりの人間の欲望を満たすために奴隷のように奉仕させられることになる。

ヴァンダナはそこで、もうひとつの重要な視点をつけ加えている。近代科学の基《もと》になった、「自然に対する人間の優位と支配」という新しい関係は、「女性に対する男性の優位と支配」という人間相互の新しい関係と密接に関係している、というのだ。この考えはエコ・フェミニズムという名前で知られる。それによると、近代以降、世界中で進んだ自然破壊と、女性に対する蔑視、差別、暴力とは、切っても切れない関係にある。

「男は強くて、女は弱い」というイメージがきみの内にもあるかもしれないね。弱音《よわね》を吐いたり、泣いたりすると、「男のくせに」と言われ、はきはきと意見をいったり、反論したりしただけで、「女のくせに」と言われたり。いずれも、社会に広く受け入れられている「男らしさ」や「女らしさ」のイメージに反しているというわけだ。

もちろん、今では男女平等という考え方が広まっていて、日本でも、公《おおやけ》の場での女性に対するあからさまな不公平や差別は少なくなったように見える。しかし一方で、男性が女性を単なる性的な欲望の対象として見たり、その人の体を人格と無関係な単なる〝モノ〟のように扱ったりする傾向はなくならないどころか、メディアではむしろエスカレートしているようにも見える。女性に対する「虐待」と呼ばれる精神的、身体的暴力もあとを絶たない。

「強い人間対弱い自然」や、それと密接に関係している「強い男性対弱い女性」という困った二元論から抜け出すことなしに、人類の幸せな未来はない、というヴァンダナの考えに、ぼくは共感する。

「ほんとに魚はかわいそう」

こういう困った二元論から抜けだすためには、どうしたらいいのだろう？

その筋道を見つけることこそが、本書の目標だと言ってもいい。ここではとりあえず、すでにこれまでの話を通じて見えてきたことを、「三つの筋道」としてまとめておきたい。

まず第一の筋道として、弱い者の視点にたってみる、ということ。弱者の身になる、と言ってもいい。すぐに思い浮かぶのは、二六歳の若さで死んだ童謡作家の金子みすゞのことだ。

たとえば、彼女に「大漁」という作品がある。漁港の町の朝、人々がイワシの大漁を祝っている。

浜は祭りのようだけど
海のなかでは
何万の

鰮《いわし》のとむらい
するだろう。

みすゞは祭のような賑《にぎ》わいから、ふと、視点をずらして、たくさんの仲間の命を奪われた魚たちの悲しみの方に思いをはせている。

みすゞが同情を寄せるのは生きものばかりではない。降り積もる雪を見て、彼女は思う。「上の雪さむかろな」、「下の雪重かろな」「中の雪さみしかろな」(「積った雪」)「なまけ時計」という作品では、みすゞはネジ巻式の柱時計の身になって考える。家の人々がみな休んでいる日曜日にも、なんで自分だけせっせと働き続けなければいけないのか、と。そう思いながら、時計は昼寝してしまう。でも、やがて……

なまけ時計はみつかって、
きりきり、ねじをねじられて、
ごめん、ごめん、と鳴り出した。

みすゞが描く世界では、強い側に立っているのはいつも、自分自身を含む人間たち。その人間の暮らしは、多くの生物の犠牲や無生物の奉仕によって成り立っている。それはしかたのないことだと思ってはみても、彼女には、どうしても「すまなさ」の意識をぬぐい去ることができなかったのだろう。

「大漁」では、海の中のイワシたちの葬式を想像してみることで、彼女は、イワシたちのために祈った。「かりゅうど」という作品では、他の狩人より先回りして、杉でできた「みどりの鉄砲」で鳥たちを驚かせて、逃がしてやる少年を描いた。

どうやら、みすゞにとっての童謡とは、あのアメリカ大陸の先住民や賢治と同じように、「世界に耳を澄ます」ための方法であり、弱者の側へとコミュニケーションの橋をかける方法だったようだ。

「みんなちがって、みんないい」

三つの筋道の二番目は、「ちがい」の大切さに注目すること。ここでも、金子みすゞの詩が、助けになる。

「私と小鳥と鈴と」という作品で、みすゞはこんなふうに、「私」を二つのものと比べてみせる。「私」は「鳥」のように空を飛べないが、「鳥」は「私」のように地面を走れない。「私」は「鈴」のようにきれいな音を出せないけれど、「鈴」は「私」のようにいろんな歌を歌えない。その結論が、最後の二行だ。

鈴と、小鳥と、それから私、
みんなちがって、みんないい。

男性と女性で考えてみよう。男女同権や男女平等という考えは、現代世界に広く受け入れられている基本原則だ。しかし、同じ権利をもつことは、男性と女性とが、「同じ」であることを意味しないし、平等とは両者のちがいがなくなることではない。むしろ、両者の差異を認め合い、尊重しあうことによって、平等は可能になるのだ。みすゞが「みんなちがって、みんないい」というのはそういうことだろう。

ここで、「強弱」という二つの漢字に改めて注目してみよう。漢字研究者の白川静《しらかわしずか》によれば、漢字の「弱」は「弓」に装飾がほどこされているさまを表し、見た目には美しい儀礼用の弓が、強さにおいては軍事用の弓に劣ることを、同じ部首をふたつ並べて強調しているのだという。一方、「強」の方は、ガの幼虫からとった天蚕糸《てぐす》を弦に使った強靭《きょうじん》な弓を表しているという。

とすれば、「強」と「弱」は、もともと、よい弓と悪い弓といった優劣や上下を示しているのではない。二通りの弓があって、それぞれ儀礼用と実用という別々の用途をもっていることを示しているにすぎない。ひとつは美しさに優れ、しかし実用性において劣る。もうひとつは、実用性において優れ、しかし美しさにおいて劣る。

本書の冒頭で話した「相対的」という言葉のことを思い出してほしい。一方の弓は競技や戦闘という場面で、他方は儀礼という文脈でその力を発揮する。その強さや弱さは、何を基準にするかによって決まる、つまり、相対的なのだ。一般に、ふたつ以上のものの優劣は、時と場合によって、また何を基準にするかで決まるものであって、絶対的でも、固定的でもない。

また、これも第一章で話した「ニッチ」、つまり「ある生物種が生息する場所や範囲」のことを思い出してほしい。アフリカのサバンナを例に、すべての生物種が、生活時間をずらしたり、生き方を変えることで、自分だけのニッチを確保することを見た。「互いに少しずつニッチをずらす」からこそ、一見同じ場所で競合しそうに見えながら、共存することができるのだった。

この「ずらし」もまた、差異の一つだ。「どちらが優れているか」を比較するための基準そのものをずらしてしまえば、比較そのものがなりたたない。すると、ここでも、「みんなちがって、みんないい」と言うしかない。

ついでに、「弱い」を意味する英語の〈weak〉という言葉について一言。いくつかの古代文化に源をもつこの言葉には、もともと、「とるにたらない」「堅固でない」「譲る」などとともに、「順応性がある」という意味が混在しているのだという。弱い方が順応性に富み、強い方が乏しい、とすれば、弱い方が強くて、強い方が弱い、ということにもなりうるわけだ。

アース・デモクラシー（地球民主主義）

困った二元論を抜けだすための三番目の筋道は、「依存」という考え方だ。

これについて考えるために、再び、ヴァンダナ・シヴァに登場してもらおう。彼女は、長年、インド北部のデラドゥーンにあるナヴダーニャ農場で、仲間たちとともに、農薬や化学肥料を使わない有機農業《オーガニック》と、環境教育のための学校を営んできた。ぼくも何度か訪れたが、ナヴダーニャはいつも世界中から新しい生き方を学びにきた若者たちの活気に溢《あふ》れていた。

オーガニック食品は、健康に良いというので、日本でも人気が高まっている。しかし、ヴァンダナにとって、それは、単に人間の健康だけではなく、家畜の健康にも環境にも良い。つまり、地球全体にとって良いということ。

この農場で撮影された映画『いのちの種を抱きしめて』の中で彼女は、「アース・デモクラシー」という考えについて、ぼくにこう話してくれた。

まず自分が、この地球上の全生命に依存していることを理解することです。酸素がなければ呼吸ができない。だから私たちには木が必要。木は私たち自身だと言ってもいい。

同じように、何千万という種《しゅ》からなる生物の多様性に私たちは依存している。つまり、だれもが、いのちの織物の一部なのだ。だから、とヴァンダナは言う、人間だけの民主主義（デモクラシー）だけではなく、それをさらに超えた地球《アース》上の全生命の民主主義、「アース・デモクラシー」が必要なのだ、と。

ヴァンダナはここで「依存」という言葉を使っている。私が「何かに依存している」とは、私が「それなしでは生きられない」ということ。だから、それを認めることは自分の「弱さ」を認めることでもある。

ぼくたちが生物多様性に依存しているということは、無数の生きものたちのおかげで生きている、ということだ。たとえば空気ひとつとっても、植物たちの光合成のおかげ。つまり、ぼくやきみの「今」や「明日」は、植物たちの活動にかかっている。

それは、自分がそんなにも弱く、脆い存在であることを自覚することを意味するが、一方で、自分がこうして生きているのは、すべての生命のおかげだと思えば、こんなにありがたいことはない。ぼくたちがよく口にする「ありがとう」「いただきます」「おかげさま」といった表現の中には、もともと、この依存と弱さの自覚、そして感謝の気持ちがこめられていたはずなのだ。

「エコ」という言葉のもとになったエコロジーの意味もここにある。それはもともと、個々の研究対象をバラバラに切りとっていたそれまでの科学に対する反省の上にたって、全体的（ホリスティック）なつながりをよりよく理解しようとする新しい科学だった。世界を形づくっているさまざまな要素が、どのように互いに関係し合っているかを探ろうというわけだ。

仏教でも、「因縁生起《いんねんせいき》」や「縁起《えんぎ》」という言葉を使ってこれと同じことを教えてきた。それによれば、この世界は、クモの巣のように張りめぐらされた無数の関係性の網（ネット）のようなもので、すべては相互につながり合い、依存し合っている。

この一枚の紙のなかに雲が浮かんでいる

これは現代仏教の代表的指導者であり、詩人であるティク・ナット・ハン師の言葉だ。雲なしに水はなく、水なしに木はなく、木なしに紙はないのだから。さらに、紙を作るには木こりが必要で、人間や樹木が育つには空気や陽光や土や他の生きものたちが必要、というように、あらゆるものがこの一枚の紙の中にあると言える。そう考えれば、もうこの世界には、「私」に無関係のものは何ひとつない、と師は言う。

エコとはこうした無数のつながりに気づくこと。だれも皆、家、共同体、生態系、地球という「ホーム」で、相互依存の網の中に生き、生かされている存在なのだ。ここに優劣、上下、強弱といった考えをもちこもうとしたら、どうだろう？　雨を降らす雲は雨よりも優れているとか、木こりは木よりもえらいとか、すべてのものに依存している紙が一番弱い、などと言うのはバカげているよね。

この関係性の網の中では、だれも完璧ではない。スーパーマンみたいに、ひとりで何でもできる者などいない。あることには秀《ひい》でているが、他のことには向いていない。言い換えれば、だれもが「強さ」や「弱さ」をあわせもっている。

そして、他者とつながることができるのは、その「弱さ」ゆえだと言ってもいい。スーパーマンは強いかもしれないが、でも、さびしい。だれとも力を合わせて協力し合い、助け合う必要がないから。

「弱さ」のおかげでつながれる。そう考えると、「弱さ」が輝き始める。

「進化」を定義し直す

すべての生きものが同じように持つ重みを感じて行動する（中村桂子《けいこ》）

ゴリラのイシュマエル

さて、この辺で、ゴリラに登場してもらおう。とはいっても、『イシュマエル』という一種のファンタジー小説の中のゴリラだ。

ある日、「僕」は、次のような新聞の広告記事に誘われて出かけていったあるビルの一室で、イシュマエルに出会う。

「当方教師——生徒募集。世界を救う真摯《しんし》な望みを抱く者に限る。本人直接面談のこと」

生徒を募集している教師の名はイシュマエル、なんとそれは高齢のオスのゴリラだった。驚きのあまりポカンとしている「僕」に、イシュマエルはまず自分の生い立ちを語る。一九三〇年代に西アフリカのジャングルで生まれたが、幼くして捕獲され、米国の動物園に連れてこられ、やがて移動遊園地に売りとばされた。

その頃のことをふりかえってイシュマエルは言う。ああいった場所で動物たちは野生のままに生きている動物たちより深く、物事を考えるようになる、と。人間の会話が理解できるようになるにつれて謎もまた深まった。

トラもゾウもゴリラも動物だというのはわかる。でも、人間だけが動物ではないというのが、イシュマエルにはどうしてもわからないのだった。

やがて、彼は裕福なユダヤ人ソコロフ氏に買いとられ、保護される。それは第二次世界大戦の前夜のことで、ヨーロッパに住む自分の一族をナチスによって皆殺しにされたばかりのソコロフ氏は、絶望の淵《ふち》にあった。とらわれの身であるゴリラに、ユダヤ人同胞の姿が重なったのだろう。イシュマエルに言語能力があることを知った彼は、十年をかけて「世界について、宇宙について、人類の歴史について、知っている限りのすべて」を教えこむ。

さて、「僕」との授業を始めるにあたって、イシュマエルはまず自分の担当教科が、「とらわれ」であると告げる。これについて、彼は、昔ソコロフ氏と研究したナチス・ドイツのことを例にあげて説明した。

彼によると、ユダヤ人をとらえ、迫害していたドイツという国全体が実はとらわれの身だった、と。では、何にとらわれていたのか、と言えば、それは「神話」だった。ドイツ人の多くは、人類の中で最も優れたアーリア人種であり、世界戦争に勝利することによって全人類の長としての地位を確立する、という物語を信じていたのだ。

イシュマエルは「僕」に言う。

私がこれを話しているのは、君たちもそれと似た状況にあるからだ。……君たちも物語に捕らわれている。……わざわざ口に出す必要も、話し合う必要もない。君たちの誰もが、六歳から七歳に達するまでには、その物語を暗記している。あらゆるプロパガンダと教育をとおして、それは雨のように君たちの上に降っている。

その物語とは何か。イシュマエルの「とらわれ」の授業はやがて、現代社会の「創造神話」に至る。創造神話とは、世界がどう始まり、その後、いかにして現在のようになったか、についての説明だ。

イシュマエルによると、現代人はこんな「神話」を教えこまれている。ビッグバンで始まり、太陽系の誕生、惑星群の形成、地球における生命の誕生へ。さらに、バクテリアや微生物から、軟体動物、両生類、爬虫類《はちゅうるい》、哺乳類《ほにゅうるい》へと続く生物進化。やがて、霊長類が現れ、その中から、最後に人類が登場する。

これがきみたちの文化の創造神話だ、と言うイシュマエルに、生徒である「僕」は「これのどこが神話的なんです?」と反論する。

そして最後に人間が登場した

そこでイシュマエルは「僕」に、こんなたとえ話を聞かせる。それは五億年前、草も、虫も、鳥も、脊椎《せきつい》動物もいない頃のこと。そんな時代にひとりの人類学者がタイムスリップしたと想像してみよう。もちろん、他に人間なんていないので、仕方なく、彼は海の浅瀬でうごめいていたクラゲのような生きものに情報提供を頼むことにした。

彼は人類学者らしく、クラゲに、あなた方の創造神話では、世界の始まりをどう説明しているのか、とたずねる。クラゲはムッとして、それは神話などではなく、科学的に裏打ちされた歴史だ、と主張する。

そして、そのクラゲは話し始める。宇宙の誕生、太陽系の形成、そして生命の出現……。

「何百万世紀もの間、この世界の生命といえば、化学成分のスープのなかであてもなく漂う微生物どもだけだった。しかし少しずつ複雑な生命形態が現れた。そして最後に」

物語のクライマックスに差し掛かり、生物は全身に誇りを帯びてすごくピンクになりながら言った。

「そして最後に、クラゲが登場した！」

ここで、ゴリラのイシュマエルは人間である「僕」に何を伝えようとしていたのか。それは要するに、現代人が信奉している進化論なるものが、実は科学などではなく、神話にすぎない、ということだ。とはいえ、イシュマエルは生物の進化そのものを否定するわけではない。では問題はどこか。

一方は「クラゲを頂点とする進化論」、他方は「人間を頂点とする進化論」。ずいぶん異なっているようにも見えるが、クラゲの場合も、人間の場合も、進化というものを、ある最終的な目標に向かって進んでいくプロセスだと考える点では一緒だ。イシュマエルは、このことを指して「神話的」だと言った。

三十八億年にわたる生物の歴史が神話だというのではない。その歴史を、人間という最終目標に到達するための道筋だったとすることこそが「神話」であり、その神話を真実として絶対視することが「とらわれ」だ、と。

きみは「生物の進化」という言葉で何を連想するだろうか。生物は単純な方からより複雑な方へと、不完全なものからより完全なものへと、下等なものからより高等なものへと進化し続けてきた、というふうにきみも思っているかもしれないね。そしてこのプロセスの「最後に人間が登場した！」と。

「人類はサルから進化した」というのは、今では一種の常識のようになっている。しかし、だからといって、そのことの意味を理解するのは、それほど簡単なことではなさそうだ。まず、不思議なのは、今も生きているサルたちは、なんで今もサルなのか、ということだ。それは、より高等な生物である人間に進化することに失敗して、サルのまま残ってしまった、ということだろうか？

扇形の生命史

『イシュマエル』という小説の作者ダニエル・クインは、これまでの「進化という神話」に代わる、本当の進化の意味をゴリラに語らせようとした。そうすれば、そこに人類がこれから歩むべき道が開けるだろう、と。

ここで、思い出してほしい。この本のはじめの方で、「進化」を「弱肉強食」ととらえるまちがいについて話したね。自然界における「強さ・弱さ」は、ぼくたちが思い描くような単純なものではない、と。「強さ」とは決して、他者を打ち負かすことではない。食う方が食われる方より「強い」といっても、その食われる方が生きていてくれるおかげで、食う方は生きていられるのだから。

そして、「棲《す》み分け」という言葉について学ぶことを通じて、すべての生物種が「オンリーワン」であるだけでなく、「ナンバーワン」でもあることを見た。

生物学者の稲垣栄洋《いながきひでひろ》は第1章でこう言っていた。生物にとって生き残ることこそが最も重要なのだとすれば、結局、「強い生き物が生き残る」のではなく、「生き残ったものが強い」のだ、と。その意味では、三十八億年の生物進化の歴史を経て、今生きているどんな種も最強の種にちがいない。

そして、その強さの源が、それぞれの種が見出した独自のニッチ（生態学的な居場所）にあることについても見た。さらに、そのニッチを見出すことを可能にしたのが、それぞれの種が抱えている「弱さ」のおかげなのだということ――つまり、「強さ」の源が「弱さ」であるということ。

ゴリラのイシュマエルが批判した「進化という名の神話」では、言わば人間がピラミッドの頂点に立っていた。このピラミッドを逆さまにして、扇《おうぎ》のような形で進化の歴史をイメージすることを教えてくれるのは、生命科学者の中村桂子だ。

要《かなめ》を下にして、上へと開いている扇――を想像してみてほしい。そこにさまざまな生物が細かく描かれている。それが中村の考案した「生命誌絵巻」だ。

まず扇の上端――それを「天」と呼ぶ――には現在の世界に生きている多様な生きものたちが並んでいる。バクテリアも、藻類も、菌類も、植物も、動物も、そしてヒトもいる。それらは、数千万種にも及ぶと推定される無数の生物たちを代表している。

扇の要の部分は、三十八億年前の地球上の生命の始まりを表している。そこに描かれているのが、祖先細胞で、そこから、この三十八億年の間――つまり、扇の下から上まで――に生きたすべての生きものが生まれてきた。こうして扇は一つの生命から、何千万種へ、一から多様性へと向かう進化の筋道を示している。

扇という形が大切なのは、その要から天までの距離がすべて同じだから。それは、天に並んでいる人間を含むすべての現生生物が、三十八億年の歴史をもっているということを表している。バクテリア、キノコ、ヒマワリ、イモリ、カワセミ、リス、ヒト……。どれもみな三十八億年という時間があって今ここに存在している。進化とは、この過程のことだと中村は言う。

バクテリアが誕生したのは、三八億年前だったでしょう。しかしその後まったく変わらずにいたのではありません。バクテリアはバクテリアとしてさまざまな能力を獲得しながら、言いかえれば進化をしながら今に続いています。つまり、私たちのまわりにいるバクテリアは三八億年という歴史を持つ存在なのです。

ちっぽけなアリの中に三十八億年の歴史がある。そう考えれば、ぼくたちはそこに「いのちの重み」を感じずにはいられない。もちろん、他の生きもの同様、人間も、他のいのちを食べたり、利用したりしながら、生きていくしかないのだが、「すべての生きものが同じように持つ重みを感じて行動する」ことが大事なのだ、と中村は言う。

そして人間にとって何より大切なことは、自分たちが、扇の中にいる——つまり、他の生きものたちと並び、連なった存在としてここにいる——という感覚をもつことだ、と。しかし、われわれの多くはこれまで、扇を外れた上の方に人間を置いていたのではなかったろうか。つまり、他の生物たちとはちがうものとして、人間だけは自然の外にいると考えていたのではないか。そうした思いこみこそが、人類の未来を危うくするような多くの深刻な問題を引き起こしてきたのではないか。東日本大震災と、それに続く福島の原発事故を受けて、中村はそう痛感したのだという。

生物に優劣はつけられない

一番強い者は、自分の弱さを忘れない者（ヨーロッパのことわざ）

どれも甲乙つけがたい

そもそも「生命誌」とは何だろう？　自分の学問にこの名をつけた中村桂子によれば、それは、「生命の歴史物語を読みとること」。でもそれはただ人間が他の生きものの歴史を読み解くというだけでなく、生きもの自体がその歴史を読み解きながら生きている、という意味でもあるという。だから、「生きものたちをよく見つめることは、彼らが読み解いてきた物語を聞かせてもらっていること」でもある、と中村はあるインタビューの中で言っている。

科学者として、微生物から人間までのあらゆる生きものを見てきた彼女が思うのは、

「どの生きものも巧みに生きているということ」だそうだ。自分が生きるのも巧みなら、次へと世代を続けていくことにも巧みだ、と。

その能力が発揮される分野や方法は生きものそれぞれで異なりますが、生き続ける能力として見れば、どれも甲乙つけ難いとしか言えません。

甲乙つけがたい、つまり、生存ということにかけて、生物に優劣はつけられないというのだ。それは単に、絵巻の上端に並ぶ現生の生きものたちの間だけではないだろう。天と要を結ぶ線上に並ぶ、現代のクラゲと『イシュマエル』のたとえ話に出てくる五億年前のクラゲの間にも、優劣はつけられない、ということだ。

さて、ぼくたちは「進化」という言葉について考えてきた。それは、これまで多くの人がイメージしてきたような、「下等→高等」、「弱い→強い」「単純→複雑」といった一方向への変化のことではないということがわかってもらえたと思う。ぼくたちの中にもあったかもしれないそういうイメージに、別れを告げる時がきたようだ。

この本の冒頭で触れたように、そもそも、「進化」という考えはチャールズ・ダーウィンの『種の起源』(一八五九)からやってきたものだ。進化とは、要するに、生物が常に環境に適応するように変化し、種が枝分かれするようにして多様な種を生み出すしくみ。この過程を説明するのが「自然選択(ナチュラル・セレクション、自然淘汰《とうた》とも訳される)」という言葉で、それは自然が、生物に起こる突然変異を選別することで、一定の方向性を与えるという説だ。そして、人間もまた、他のすべての生きものと同様、自然選択によって現れ、環境に適応しながら変化してきたという。

ここでもう一度確認しておきたいのは、進化という言葉に、もともと「前進する」、「上昇する」、「改善する」などの意味は含まれていない、ということ。つまり、進化とは、「より劣ったもの」から「より優れたもの」へ、「より低い価値」から、「より高い価値」へ、といった初めから定まった方向性を示す言葉ではないのだ。

ダーウィンの理論が当時いかに大きな衝撃を西洋社会にもたらしたかを想像することは難しい。それは、旧約聖書の昔から、神が人間に与えたものと信じられてきた特権的な地位を、否定するものだったのだから。

今では進化論は常識化したように見える。「人間はサルから進化した」と聞いてビックリする人はほとんどいないだろう（少なくとも日本では。外国には宗教と相容れないという理由で、これを否定する人が少なからずいるのだが）。

ただ、その一方で、常識となった「進化論」なるものは、いつの間にか、ねじ曲げられ、一種の神話となって、人々はその下に「とらわれ」るようになってしまった。あのゴリラのイシュマエルが指摘したのは、まさにそのことだった。つまり、進化の名のもとに、ぼくたち人間こそが世界の中心であり、生命史の最終目標だという、〝人間中心主義〟におちいってしまった。

そこでは相変わらず、進化とはより劣ったものからより優れたものへと変化するプロセスであり、「前進」「上昇」「改良」といった一方向に向かう道筋だと信じられている。

物と心の二元論

きみは「われ思う、ゆえにわれあり」という言葉を聞いたことがあるかな？　これは近代哲学の出発点ともいわれるルネ・デカルトの一六三七年の有名な言葉だ。その後、現在にいたるまで、デカルトの考えは、世界中の人々の考え方に測り知れないくらい大きな影響を与えてきた。それによると、世界は「物」(空間的広がりを持ち、思考できない)と、「心」(空間的広がりを持たず、知的な働きをする)というふたつの実体からなっている(これを物心二元論という)。

デカルトにとって、「心」と切り離された「物」の世界とは機械のようなものだった。たとえば時計の部品を一つひとつ調べれば時計全体が理解できるように、すべての部分をもれなく調べあげれば、世界全体も理解できる、と考えた。生命現象も例外ではなかった。たとえば動物もまたひとつの自動機械とみなされた。この考えが土台となって、その後の近代的な科学や技術の飛躍的な発展が可能になった、といわれている。

一方、「心」による知的な働き——意識、思考、理性など——こそが、人間固有の偉大な性質であり、それによって、人間は全生物、全世界の上に君臨する存在だということになる(これは、「世界を支配するものとして神に選ばれた人類」という古代からの宗教的な人間観とも矛盾しない)。

二世紀後に現れたダーウィンの進化論は、こうした人間中心主義への痛烈な批判だったのだが、しかし、そう簡単に、人間はピラミッドの頂点から降りてこようとはしなかった。なぜなら、ゴリラのイシュマエルも言うように、人間中心主義は一種の神話となり、宗教となって、ぼくたち人間の心をとらえていたから。

今にいたるまで、人間中心主義を支え、人間を最強の種《しゅ》としてきたもの、それが科学だ。宗教のようなものを科学が支えているというのだから、皮肉なことだね。でも考えようによっては、当たりまえかもしれない。なぜなら現代世界では、科学そのものが、まるで宗教のようにあがめられているのだから。

たしかに、科学は現代の社会を代表する「力」であり、「強さ」だ。その科学の応用としての技術もまたしかり。そして、その科学技術を駆使し、自然界を自由自在に改変しうるものとして人間は最強の種なのだ。

しかし、だ。科学が近代文明を通じての宗教だったとして、その宗教を常に内側からつき崩してきたのも、科学だったのだと思う。

人間に特権的地位を与えてきたのも科学なら、人間からその地位を奪おうとしてきたのも科学だった。カナダの生物学者で環境運動家としても有名なデイヴィッド・T・スズキは、その著書『生命の聖なるバランス』でこう言っている。

ダーウィン以降の進化生物学者たちは、それまで人間だけの優位性だった知性を、他の生きものたちの中に見出し始めた。そしてしまいには、「確実に前進と上昇を続け、ホモ・サピエンスの高みへと登っていく荘厳《そうごん》な進化の階段のようなもの」は存在しないということを明らかにした、と。

生きものの知性

スズキは同じ本の中で動物学者ドナルド・R・グリフィンの次の一節を引用している。

人間だけが意識的な思考を独占しているという前提は、動物たちがその日常生活において難問をいかにみごとに処理しているかについて多くを学ぶほど、支持しがたいものになる。

知的な営みをするのは動物だけではない。植物もそうだ。いや、すべての生命体がそうなのだ。『プラント・インテリジェンス（植物の知性）』という著書の中で植物学者のスティーブン・H・ブーナーはこう言っている。

地球上のすべての生命体が高い知性をもっていることの証拠はたくさんあるというのに、そのことを私たちのほとんどが知らされないでいる。西洋の子どもたちは、いまだに学校で、そして文化によって、知性こそが人間の第一の属性だと教え込まれている。そして、他の生命たちは知性において劣っている、と。それはたいがいピラミッドの頂点に人間がいて、そこからイルカ、チンパンジー、イヌ……と下に向って降りてゆくというイメージだ。そのまた下に鳥やトカゲや虫などが、そのまた下には植物や微生物が……というふうに。一九世紀から二〇世紀初頭の頃のこうしたひどくまちがった考えが、いまだに私たちにつきまとっているのは、実に情けない。

ブーナーによると、これまで人間特有のものとされていた三つの能力――自己認識、知性（インテリジェンス）、意味の探求――を、実は、あらゆる生命体もまた兼ね備えているというのだ。

次に、キノコやカビなどの菌類を専門とする生物学者で、環境問題にも熱心に取り組むポール・スタメッツの、あるインタビューでの言葉を紹介しよう。

> 私は自然の知性を信じている。その自然とコミュニケーションをとるための言語能力が私たちにないからといって、自然に知性がないことにはならない。問題は、あちらの意志がわからないでいるこちらの方なのだ。私たちがいかに生きものたちに支えられて生きているかをしっかりと理解しないかぎり、その生きものばかりか、自分自身をも絶滅に追いこむことになるだろう。

さて、このように、生きものの知性についての議論をつなげていくと、その先に、アッと驚くすごい理論が待っている。それがガイア理論。地球そのものが知的生命体だ、というのだ。この考えによると、地球上に暮らすすべての生きものたちは、地球が安定してちゃんと機能し続けられるように、協力し合って、行動している。つまり、地球という星全体の健康といのちを保つ、というひとつの目標でつながり合っているにちがいない。

そう考えれば、世界はもう、生物たちが単に自分だけの生き残りをかけて他者と競争する場所ではない。地球といういのちのためにすべてがつながり、協力し合っているなら、どちらが大きいか小さいか、強いか弱いか、優れているか劣っているか、は意味を失ってしまう。あの宮沢賢治の「どんぐりと山猫」のドングリたちの争いみたいに。

そして、これまでの「進化」という言葉に、「ともに」という意味を頭につけて、「共進化」という、新しい言葉が登場する。だが、これについてはここまでにしておこう。

科学者とはちょっと異なる視点だとはいえ、詩人、長田弘《おさだひろし》の言葉もまた、ぼくたちがガイアとしての地球に生きていることを教えてくれるようだ。

人の日常の中心には、人の在り方の、原初の記憶がひそんでいます。

街にたたずまう大きな樹が、見上げて樹の下に立ちつくす一人に思いださせるのは、そうしたこの世における、人の在り方の、原初の記憶です。人はかつて樹だった。

（長田弘『なつかしい時間』）

みんな巧みに生きている

『科学者が人間であること』の中で、中村桂子が「人間としての科学者」のモデルとして、チンパンジー研究者の松沢哲郎《まつざわてつろう》を紹介している。そこにこんなエピソードがある。コンピュータの画面に何秒間か表示された、いくつかの数字の位置を認識し、数の大きな順に示すというテストで、チンパンジーは人間よりはるかに優れているのだそうだ。このことについて、松沢はこう考えているという。

直観像記憶能力、つまり全体を一度に認識し、記憶する能力は、森の中での暮らしに欠かせない重要なもの。一方、森から出て、草原での二足歩行による新しい暮らしを始めた人類は、言語などの新しい能力を得たが、その《代わり》に、森での生活の時に活用していた瞬時の全体把握能力を失ったのではないか。

新しい環境に適応するために、ひとつの新しい能力を得る。しかし、その代わりに、以前の環境で必要だったひとつの能力を失う。何かを失って、何かを得る。こんなふうに、進化というものは単純な足し算でも、単純な引き算でもないということだろう。

それを受けて中村は言う。「私の生きものを見ていての感覚は、生きていく能力は全体としては同じ」で、どちらが優れていて、どちらが劣っているかというものではない、と。そして先にも引用した言葉が続く。「どの生きものも巧みに生きている」

チンパンジーはある点（たとえば、直観像記憶能力）で人間より優れている。人間はある点（たとえば言語能力）でチンパンジーより優れている。でも、チンパンジーが人間より優れているかと言えば、そうではない。人間がチンパンジーより優れているかといえば、それもちがう。

では、次に、またゴリラに登場してもらうことにしよう。いろいろ考えてみたが、やっぱり、ゴリラは人間より優れていた（⁉）というお話。

勝ち負けなし！

ゴリラの喧嘩は……誰も負けず、誰も勝たない。
互いに対等なところで決着がつくのです。（山極寿一『「サル化」する人間社会』）

ゴリラにとって弱さとは？

イシュマエルは想像上のゴリラだったが、今度は本物のゴリラだ。アフリカの森の中に棲《す》むゴリラを長年研究してきた人類学者の山極寿一《やまぎわじゅいち》の話に耳をかたむけたい。きみは、人類学者なのに、なぜゴリラなのか、と思うかもしれないね。それは、進化の歴史の中で、とても近くて深い関係にあるゴリラやチンパンジーなど（同じサルの中でも、特に類人猿と呼ばれる）を調べて、比較することで、人間についてもよりよい理解が得られると考えられるからだ。

ぼくがまず注目したいのは、ゴリラたちが、お互いに相手を受け入れる能力に優れている、ということ。その点でゴリラは人間よりも上だと山極は言う。

彼によると、他のさまざまなサルたちと異なるゴリラの重要な特徴は、「負ける」という概念をもたないこと。つまり、「負ける」ということがどういうことだか、ゴリラにはわからないというのだ。

　ゴリラは誰を相手にしても「負けました」という態度をとらない。そんな感情もないし、そういう表情も備えていません。子どもでもメスでも、体力の差によって「参りました」という態度で相手に媚《こ》びることはないのです。

人間はどうだろう。相手にかなわないとなると、降伏したり、屈服したり。ここでは負けても、ほかでは勝とうと考えて自分をなぐさめたり。負け惜しみを言うのも、負けたふりをするのも人間だ。でも、「ゴリラにはそういう面が一切ない」のだという。

これは、山極によれば、ゴリラに「優劣」の意識がないことを示している。そして、この点で、ゴリラは人間ともサルとも異なっている、と。たとえば、ニホンザル社会にはきっちりとしたヒエラルキー（階層、固定的な上下関係）がある。

優位なサルは肩の毛を逆立て、尻尾《しっぽ》をぴんと上げてのしのしと威張って歩きます。これは自分の優位性を誇示するためです。また劣位なサルは、自分が劣位であることをいつも態度で示します。

たとえばサルは、自分より優位なものに対して、歯をむき出す「グリメイス」という表情をつくったり、視線を避けたりして、自分の劣位を示す。その点、ゴリラは……

自分の立場が相手よりも下であることを示す表情をそもそも持っていないのです。また、ゴリラはじっと相手の目を見つめます。威嚇されても相手の視線を避けないのです。

とはいえ、人間や他のサルと同様、ゴリラにもケンカはある。しかし、ちがうのは、ケンカに仲裁が入る、つまり、間に入ってケンカを止める第三者がいる。

力の優劣がないので、メスであれ子どもであれ、堂々とオス同士の喧嘩《けんか》に割って入れるのです。……ゴリラの喧嘩の仲裁は非常に平和的です。というのも、第三者はどちらにも味方しないのです。

メスや子どもが、ケンカしている自分よりずっと体の大きいオスの間に入って、「背中や腰に軽く手で触れ、顔を寄せて覗《のぞ》きこむ」。すると、「オスたちは冷静さを取り戻して、一件落着となる」のだという。こんな光景は人間ではなかなか考えにくい。

ニホンザルの場合は、「優位のサルに大勢が味方して、喧嘩を終わらせる」のがふつうらしい。だがゴリラのケンカでは、どちらかが勝ってどちらかが負ける、という結果にならない。だれも負けず、だれも勝たないのだ。

さて、人間はゴリラとサルのどちらに似ているときみは思う？

勝ち負けのない社会への進化

ゴリラとサルのちがいは知能ではなく、社会性のちがいだ、と山極は考えている。すでに見たように、サルの社会が立場の優劣で態度を決めるヒエラルキー型の社会であるのに対して、優劣のないゴリラ社会では、互いに相手をじっと見て、相手の思いを汲み取って自分の態度を決める。

この態度のちがいがよくわかるのが、食事の時だ。「ゴリラは食べ物を前にして、共存と許容を仲間と示し合う」と山極。サルが食べ物を分配したり、共有したり、食べる場所を譲ったりということに無関心なのに対して、ゴリラはそこに意味を見出している、と。

こうしたちがいが出てくるのは、山極によれば、ゴリラの社会が「負けない（勝たない）論理」でできているのに対して、サルの社会が「勝ち負けの論理」でできているからだ。では、人間はどちらの論理でできているのだろう。人間は本来、「負けない（勝たない）論理」に属している、と山極は考える。

「勝ち負け」に左右される社会から、されない社会へ。ここにこそ、サルからゴリラや人間へ、という進化の重要な意味があった。そして、「負けない（勝たない）社会」をつくるための装置が「家族」だったのではないか、というのが山極の考えだ。言い換えれば、ゴリラや人間は、家族という組織をもつことによって、社会の中に「勝ち・負け」や「支配・被支配」とはちがう、対等な関係をつくり、定着させることができた、というわけだ。

たしかに人間の家族では、文化によるちがいにかかわらず、親子、夫婦、兄弟の間にある体の大きさや腕力の差が、そのまま支配関係になることはめったにない。「勝ち負け」は、「……ごっこ」と呼ばれる遊びの時間の内に限定されている。家族にもケンカはつきものだが、ゴリラの場合と同様、それは勝敗を決するためのものではなく、広い意味でのコミュニケーションの一部だと考えられる。

ゴリラには、オスが胸をたたいて相手を威嚇する「ドラミング」が知られていて、これが、ゴリラのこわさや強さを象徴するものだ、とかつては多くの人が思っていた。ぼくもその一人だ。でも、山極によると、それは相手への宣戦布告などではなく、自分の存在をアピールしたり、好奇心を表現したりしながら、要するに、相手に対して自分は対等なのだと訴える行動だという。それは人間で言えば、たとえばプロ野球の試合で、審判の判定に不服な監督が、激しく（一見、ケンカのように）抗議するのに似ている、と。親子ゲンカにも、夫婦ゲンカにも、兄弟ゲンカにも、同じことが言えそうだ。

「遊び」は類人猿にとって、なくてはならないとても重要な要素だ。ゴリラも、人間も、親子がじゃれ合うようにして遊んで楽しむことがよくある。この一見単純な遊びの中には、体も大きくて強い者が自らの力をわざと抑制することで、小さくて弱い者に自分を合わせる、という複雑な行動が含まれている。一方の小さくて弱い方は、「背伸び」するようにして、自分の力を引き上げることで、相手に合わせようとする。そうやって、力の差を減らし、互いを近づけ、バランスをよくすることで、遊びはより面白くなり、興奮が高まる。

この興奮は、どちらが勝つか、負けるかをめぐって競争するスポーツでのハラハラドキドキとはちがう。「強弱」を一度カッコの中に入れて、両者が歩み寄るようにして楽しむのだ。

分かち合いと弱さ

勝ち負けのない世界でもうひとつ大事なのが、「分配」という行動だ。なぜ、ゴリラも人間も食物を分かち合うのだろう。山極の説明によると、それは飢えた仲間の生存のためというよりも、「互いのきずなを確認する、あるいは親睦《しんぼく》を深める」といったコミュニケーションの方法として発達した。その意味で、「分配」は「遊び」と同様、「感情の快の領域を刺激した」。平たく言えば、「気持ちよかった」のだ。

競争して奪いとったり、独り占めしたりするのにも、一種の快楽はあるだろう。でも、ゴリラや人間は、それよりも、分かち合いという喜びの方を重視した、というわけだ。

また、分配という点で、人間はゴリラよりさらに大きく一歩を踏み出したようだ。家族内の分配を、家族間へと広げ、コミュニティという分配のネットワークをつくり出す。

それにつれて、家族の中での対等な関係は、家族同士の対等な関係へと、発展する。そこでは、ほかの家族を攻撃したり、支配したりしない。つまり、勝ちも負けもない。それがコミュニティというものだ。

人間は、狩猟のための道具を武器として同じ人間に向けるようになり、武力で社会の秩序をつくりだしたという説が唱えられたこともあったが、ぼくはむしろ、生存のためにコミュニケーション能力を高め、食べ物を分け合ったり、共同作業をしたりして対等な関係を築いてきたことこそが、人間としての進化に重要な役割を果たしたのだと思っている。

山極も、人間が、家族と共同体を両立させた唯一の動物だという点に注目している。そして、それこそが、人間ならではの特徴、つまり「人間らしさ」というものの核心ではないか、と。

「弱さ」という観点から考えてみよう。まず、人類史の大部分を占める狩猟採集生活がどんなものだったかに思いをはせながら、そこでの「弱さ」としてどんなことがあったか、想像してみる。すると、人間の生存にとって不利になりそうな身体的な条件や制約のことが思い浮かぶだろう。幼い子ども、病人、けが人、老人。彼らの「弱さ」とは、だれもが人生のある時期に必ず、あるいはおそらく、経験することになる「弱さ」。また、さまざまな身体的な障がいという「弱さ」を抱える可能性は、今よりも多かったのではないか。身ごもってお腹の大きな女性、また乳児をもつ女性も、多くの制約を負う。その女性を一員とする家族や共同体もまた、その「弱さ」を共同で抱えることになる。

同じように、上にあげたすべての制約は、単にその人個人のものではなく、同時に、家族やコミュニティ全体に深く関わるものだったはず。

では、こうした「弱さ」をどうするか。それは、単にその人だけの問題ではなく、家族、コミュニティ、そして社会全体の問題だ。

遊びも分配も高度なコミュニケーションも、みな、お互いが抱えている「弱さ」を補い合うことで、「弱さ」を「弱さ」のままにしておかないための方法だと言える。「弱さ」だったものや、「弱さ」でありえたことを、「弱さ」ではない「もの」や「こと」へと変えてしまうのだ。すると「弱さ」という言葉や概念が意味を失ってしまう。それが「勝ち負けのない社会」というものだろう。

遊びや分配が「弱さ」を無効にする方法だと言ったが、逆に、「弱さ」や「強さ」からなるデコボコがあったおかげで、それに対処するために、遊びや分配が発達し、人間は高度なコミュニケーションや共感の能力を得ることになった、とも言えるだろう。つまり、人間ならではの「強さ」とは、もとをたどれば、「弱さ」のおかげだった、というわけだ。

人間がサル化している!?

家族からコミュニティへと、独自の「勝ち負けのない社会」を発展させてきた人間が、しかし、いま、大きな危機に直面している。山極はその危機を、「人間社会のサル化」と呼ぶ。

現代社会は、個々人が競争して利益を得ることによって生きる場となりつつある、と山極は見ている。そうやって生きるのに、何かをだれかと分かち合う必要もないし、他人がどう思うかは自分に関係ないことなので、共感なんてする必要もない。「これはまさにサル社会にほかなりません」と彼は言うのだ。

自分の利益のために集団をつくる。すると一面では、個人の生活がたしかに効率的で自由になるように見える。しかしその一方で、「他人と気持ちを通じ合わせることはできなくなって」しまうだろう、と。

序列で成り立つピラミッド型のサル社会は、「人を負かし自分は勝とうとする社会」だ。「そんな社会では、人間の平等意識は崩壊するでしょう」と山極。

ぼくたちは時に、家族や共同体のしがらみから解放されて、個人としての自由気ままな暮らしを楽しもう、という思いを抱くことがある。しかし、だ。

ここには見落とされているひとつの危険な事実があります。それは「人間がひとりで生きることは、平等に生きることには結びつかない」という事実です。家族を失い、個人になってしまったとたん、人間は上下関係をルールとするシステムの中に組み込まれやすくなってしまうのです。

「弱さ」を補い合ったり、強弱のデコボコをならしたり、勝ち負けをなくしたりするために役立ってきた家族やコミュニティを失った時、再び、個々人の「弱さ」がむき出しになってしまう。そして裸のままで、強い者たちが支配する社会に放り出される。

思えば、これこそが近代化と呼ばれる過程だったのだろう。そして今や、グローバル化によって、ぼくたちは、地域とか国とかという衣さえ脱ぎ捨て、バラバラの〝自由な〟個人として、勝ち負けを競うグローバル・マーケット（世界規模の経済市場）に投げ出されようとしている。そこでの経済活動とその成果だけが、ぼくやきみが何者であるかを決めることになるだろう。

これは、どう見ても、サル化した人間社会の完成だ。そしてそれは、人間を人間にしてくれた進化の車輪を逆に回すことに他ならない、とぼくには思えるのだが……。

「人はパンのみにて生きるにあらず」という聖書の言葉をきみは知っているかな。ぼくたち人間はたしかに、いくら食物などの物質的な豊かさに恵まれていても、ひとりでは生きていくことができない。家族やコミュニティを形成して生きる社会的な動物なのだ。

これを言い換えれば、そうしないと生きていけないくらい脆《もろ》く、弱い存在だ、ということになる。でも、その「弱さ」にちゃんと向き合うことによって、ともに食べ、ともに住み、ともに生きることができるようになった。ともに認め合い、感じ合い、そして愛し合うことさえできるようになった。そういう方向へと進化することで、強弱、勝敗、優劣、上下といった二元論を超える力を得たのだ。そういう力の大もとに、「弱さ」があった。そう考えれば、「弱さ」ってすばらしいじゃないか。

だから、やっぱり、弱虫でいいんだよ。

第5章

弱虫でいいんだよ

人は愛なしには生きられない

人は愛されることによってのみ、愛することを学ぶ（アシュレー・モンタギュー）

生物としての人間

「人類の未来は大変暗く、滅亡という言葉も強い現実感をもって迫ってきている」。こう言うのは、長年サルの研究にたずさわってきた人類学者、河合《かわい》雅雄《まさを》だ。彼によると、問題は「進歩」という考え方にある。「進歩が私たちを幸せにしてくれる」というふうに、この言葉は一種の呪文として使われてきた、というのだ。

文明の進歩はすさまじいほどに加速度を増して、まっしぐらに走りだしはじめている。その進歩の加速度を測定する方法もないし、文明の利器が人類を乗せてどこへ向って走っているのか、だれも予測できない。(『子どもと自然』)

多くの現代人が「進化」と「進歩」を混同している、と河合は指摘する。「進化」とは生物の種《しゅ》とそれをとりまく自然環境との間に起こる変化(適応)だ。いつの間にか、それと、人間の集団や個人といった次元で起こる、(あるいは人為的に起こす)「進歩」という名の変化とを重ね合わせてしまっている。一方は何万年という単位の長い時間、他方は何年、何十年、せいぜい何世紀という時間、まったく次元がちがうのに、と。

人類は数百年という短期間に、高度に発展した物質文明をつくりあげ、自然と切り離された都市という人工的な環境の中に暮らすようになった。この大変化に対して、生物としての人類がうまく適応できない状況に追いこまれてしまった。

では、どうすればいいのだろう。この問題が非常に難しいのは、それを考えるための「モデル」がないからだ、と河合。「欠乏」とか「貧困」を抱えた弱者としての人間が、どうそれをこらえて、どう克服したか、については、過去を振り返れば、多くの見習うべきモデルがある。しかし、人間の歴史には、「飽食し過剰な物資に取り囲まれた豊かな世界でどう生きるかのモデルはない」のだ、と。

そう前置きしてから、河合はこう提案する。まずは、文明の進歩の速度をゆるめること。そして何が起こっているか、よく見きわめること。そうすれば、適切な対処のしかたを見出すことができるのではないか、と。

そのためには……他の生物と同じく、長い進化の歴史の所産として今在るのだ、という素朴な認識に基づいて、人間存在を根本から考えなおしてみることである。

「遅さ」という「弱さ」からの出発

生物としての人間について考える時、多くの生物学者や人類学者が、「遅さ」に注目してきた。たとえば、他の霊長類と比べて、人間の発育が遅いことが知られている。妊娠期間、性的に成熟するまでの年数、出産可能になるまでの年数を比較すると、キツネザル、ニホンザル、チンパンジー、ゴリラという順番でだんだん長くなっていき、ヒトで最高に達する。つまり、人間は遅い方向へと向かう進化の結果なのだ。

他の霊長類に比べ、ヒトは脳の大きさで抜きん出ているが、その脳の発達のペースが遅いのも特徴的だ。三歳の終わりに成人の脳重量（約千四百グラム）の八十三％、六歳で九十％ができた後も脳はゆっくりと二十代後半まで成長し続ける。テナガザルでは、胎児のうちに脳の七十％が発達、残りも生後六ヶ月のうちに完成する。チンパンジーやゴリラでも、子ども期に脳の発達が終了する。（『子どもと自然』）

また人間は一歳になってやっと、他の哺乳類の新生児の発育状態に達するという。ふつうよりずっと未熟な状態で生まれるという意味で、動物学者アドルフ・ポルトマンは、これを「生理的早産」と呼んだ。人間の胎児の発達は遅く、他の哺乳類《ほにゅうるい》なみの発達レベルで生まれるには、妊娠期間が約二十一ヶ月になるだろう、というのだ。

人間の赤ちゃんはふつう妊娠九ヶ月で産まれるが、その後、最低限の感覚や運動機能を身につけるまでに、少なくとも一年間はかかる。四つ足の動物は生まれてすぐに立ちあがって歩きだすというのに。

なんでそんな未熟なまま生まれてくるのか。それは、そんなに長く母親の子宮の中にいたら、出てこられなくなるからだ。大脳が大きくなったことと、また二足歩行になったことで、人間の出産は他の動物に比べて、たいへんな難産になってしまったのだ。もちろん、それで得たものも大きいが、失ったものも大きい。でも、進化とはそもそもそういうものなのだ。

人間の進化について、もうひとつ、「幼形成熟《ようけいせいじゆく》」（あるいは「ネオテニー」、「幼形進化」）と呼ばれる特徴がある。チンパンジーと人間の発育を比較してみるとわかりやすい。チンパンジーは幼い時には、頭部が丸くて顔の凹凸も少なく、そのシルエットは、人間の子どもによく似ている。しかし、成長するにつれ、チンパンジーの頭部は平たく、前後に長くなって、あごがつき出てくる。

発掘されたさまざまな時期の人類の頭骨を比べると、猿人や原人と呼ばれる初期の人類ほど、チンパンジーと似て、幼い時と大人とでは頭部の形の変化の差が大きいことがわかる。一般にサル類では、幼い時にはつき出していないあごの部分が、大人になると大きく前へ出てくる。しかしなぜか現生人類だけは、幼い時の形を大人になっても保っている。言い換えれば、幼形のままで成熟し、大人になるのだ。

弱さを引き受ける

先に見たように、サルからチンパンジーへと、発達がしだいに遅くなるのだが、人間はさらに一歩、「なかなか大人にならない」という方向へとふみ出したのではないか、と研究者たちは考えている。たとえば、人類学者の竹村真一は、これを人間の「子ども化」と呼ぶ。子どものままでいるというのは、弱いままでいる、リスクをより多く抱えたままでいる、ということを意味する。早く大人になった方が自分の身を守れるだろうに。しかしそれでも、人間は「弱さ」を引き受けた。それはおそらく、そうすることで逆に、人間に固有のある「強さ」を得るためだったのだ、と。

その「強さ」とは、竹村によると、人間がもつ類いまれな柔軟さだ。「子ども化」によって人間は、さまざまな方向に適応し、変化することのできる、開かれた存在になることができた。子どもの柔軟性を、なるべく長く保つことで、「本能」というよりは「学習」によって、自己を発展させていくような、創造的な生きものになった、というわけだ。

このように見ると、「弱さ」と「強さ」とは、互いに切り離すことのできない、表裏一体の関係にあった。「生理的早産」にしても、未熟な状態で生まれ、きわめて長い、依存的な幼児期をもつという「弱さ」が、その一方では、母と子の緊密な関係やコミュニケーション能力の発達という「強さ」をも意味する、というふうに。

「子どもっぽい」と言われて、うれしい大人はいないだろう。それはふつう、未熟であること、依存していること、何かあるべきものが不足したり、欠落したりしていることなどを示す言葉だから。親はよく子どもに、「もう子どもじゃないんだから、しっかりしなさい」とかと言う。子どもはなるべく早く子ども性を脱して、強い大人にならなければならない、というわけだ。

でも、竹村が言うように、こう考えてみることもできる。「本当に人間らしい社会というのは、一生安心してみんなが子どもでいられる社会なのかもしれない」。つまり、社会は、「子ども↓大人」や「弱い↓強い」ではなく、人間の本質である「子ども性」を全面開花させるような方向へと進歩することも可能なのだ。

時間をかけて、ゆっくりと、人間らしい存在へと育ってゆくことが許されている存在――それこそが人間というものの本当のすごさらしい。「人間性」について研究したアメリカの心理学者、アブラハム・マズローもこう言っている。

「人間である」ことと「人間になる」こと――ヒトという生物種として生まれたということと――は、「人間になる」ということと、切り離して定義することはできない。……赤ん坊は、潜在的に人間であるにすぎず、特定の社会、文化、家族の中で、人間になっていかなければならない。

生きることは愛すること

人類学者のアシュレイ・モンターギュは、赤ん坊が「はいはい」するまでの期間を、胎内にいた九ヶ月に対して、母親にとっての「体外妊娠」の期間と見なした。それほど、人間の母親と赤ん坊は切ってても切れない関係で結ばれているということだ。子どもは立ち上がり、歩き始めた後も、長い間、母親や周囲の人々に大きく依存することでしか生きられない。

赤ん坊の依存の度合が高いということは、赤ん坊ばかりでなく、世話する方も、それだけ不利な、弱い立場に置かれるということだ。世界中の多くの場所で、男性が狩猟のために遠出するのに対して、女性が主にホームベースとその周辺での活動に従事する役割を担っているのはこのせいだろう。

こうして、子どもの養育というテーマにそって、男女の役割分担、父親のいる家族の成立、そこでの親密なコミュニケーションと子どもの社会性の獲得……という一連の「人間らしい」形ができあがっていったと考えられる。

そして、その「人間らしさ」の中心にあるのが、「愛」だ。モンターギュによれば、「生理的早産」の結果、未熟に生まれた「幼児が健康な発達をとげるためには、やさしく愛情に満ちた世話をじゅうぶんに受けることが他の何にもまして必要」になった。こう言い換えることもできるだろう。発達の「遅さ」を通じて、人間は「生きること」と「愛すること」を一体化することになった。つまり、人間にとって、生きることと愛することはもう別々のことではなくなったのだ。

またモンターギュはこうも言っている。「人は愛されることによってのみ、愛することを学ぶ」のだ、と。

「愛なしには生きられない」。ポップソングの歌詞みたいだけど、これは人間についての科学的な事実だ。飢饉《ききん》、テロ、紛争、戦争といった異常な状況の中で育ち、愛される経験をもてなかった子どもたちが、身体的にも精神的にも、いやすことのできない傷を負ってしまうことはよく知られている。

たとえば、軍事独裁政権が支配していたルーマニアで起こった悲劇について、カナダの生物学者、デイヴィッド・スズキがぼくに教えてくれた。いろいろな理由で親もとをはなれて施設に収容されていた何万人もの子どもたちが、毎年、約三分の一ずつ死んでいたことが、一九八九年の政権崩壊の後になってわかった。その後の調査研究によって、収容所の子どもたちの病気や精神異常や死を引き起こした最大の要因は、「愛情の欠如」だと考えられているという。

でも、これを遠い世界のできごととして片づけないでほしい。このところ日本では児童虐待の数が毎年上昇しつづけて、二〇一四年には、報告された件数だけでも九万近くにのぼる。加害者の大人の多くが、子どもの時に、暴力を受けるなど、愛情に欠ける環境で育ったと考えられている。

スズキが言うように、「もって生まれた人間としての可能性を十分に開花させるには、愛が必要」なのだ。愛なしには生きられないほど、ぼくたち人間は弱く、またもろい存在にすぎない。でも、ぼくは思う。その方が、愛なしに生きられる強い存在として生まれてくるよりはずっとよかった、と。きみはどう思う？

ちょうどいい小ささ・ちょうどいい遅さ

大きくなった家　小さくなった家族
高まった利便性　なくなったゆとり
増えた薬　損なわれた健康
伸びた利益　薄まった絆《きずな》
これがわたしたちの時代だ。（ダライ・ラマ一四世）

「進歩」という思考方法

前章では「進化」について考えた。「遅れることによって進む」、「弱くなることによって強くなる」といった人間の「進化」の形が見えてきたと思う。

この章では「進歩」について考えてみよう。この言葉ほど、人間の「強さ」をみごとに表しているものはない、と考える人は多いだろう。世の中はどんどん、豊かに、便利になっていくように見えるし、コンピュータ、インターネット、人工衛星などの技術の進歩こそ、人間が自然界の支配者である何よりの証拠だ、と……。

しかし、同時に、人間の強さの証《あかし》であるその「進歩」が、人類の存続そのものを危うくしてしまった、としたらどうだろう。もちろん、どんな危機でも、人間の技術がさらに進歩すれば解決できるはずだ、と考えている人もいる。でも、ぼくにはそうは思えないのだ。

二〇世紀の代表的な物理学者アルベルト・アインシュタインはこう言ったという。ある問題を引き起こしたのと同じ思考方法のままで、その問題を解決することはできない。つまり、その問題を解決するためには、思考方法そのものを変えなければならない、というわけだ。

たとえば、人類が抱えた最大の問題といわれる環境問題を引き起こしてきたのが、「進歩」という考え方だとしたら、どうか。その考え方そのものを変えることなしに、問題を解決することはできないだろう。

経済史学者のシドニー・ポラードによれば、「進歩」とはこの数百年の間に西欧でつくられた新しい言葉で、「人類の歴史がより良い方向へと向かう、一方通行の、後戻りすることのない変化の流れだけでできている」という考え方を意味する。これは、本書ですでに見てきた「進化」についてのまちがった見方とそっくりだということに気づいてほしい。つまり、「より高等な生物に向けての、後戻りすることのない変化の筋道」という、あの考え方だ。

両方に共通している、「下から上へ」「劣から優へ」「弱から強へ」といった直線的で上昇的な考え方の型が、アインシュタインの言う「思考方法」にあたる。それがここ三〇〇年ほどの間に人々の心に住みついて、現在へと続く、急速な技術発展や経済成長の時代を支えることになったらしい。

進歩の罠《わな》

「進歩」を測るものさしは、たいがいいつも技術だ。たとえば、狩猟のための技術として、握りこぶしから石やこん棒へ、弓矢へ、さらに弓矢から銃へ、というふうに、技術の「より高い」、「より良い」方向への変化によって「進歩」は定義される。
でもここには落とし穴がある。歴史家のロナルド・ライトはこんな例をあげている。

マンモスを一頭ではなく、二頭殺すことを覚えた旧石器人のハンターたちは、進歩をなしとげた。しかし、群れ全体を断崖から追い落として二百頭いっぺんに殺すことを覚えたのは、進歩しすぎだった。(『暴走する文明』)

狩猟民はしばらくの間は、腹いっぱい食べて、いい思いをしたかもしれないが、もうマンモスがいなくなってしまったので、そのあと飢えることになっただろう、と。
「進歩」という言葉には、規模が大きければ大きいほどいい、多ければ多いほどいい、速ければ速いほどいい、という考え方がひそんでいる。でも、このマンモスの例を見ればだれにでもわかるように、ひとつよりふたつは良いかもしれないが、ふたつより百の方が良いとは限らない。一定の数のマンモスを狩るのに、かける時間が短くなればなるほどいいとは限らないのだ。

一度進み始めたら、どこで止めたらいいかわからなくなる、という「進歩の罠」は、武器のことを考えれば一番わかりやすい。弓矢から銃、花火から大砲、爆竹から手りゅう弾、高性能爆弾、そしてしまいには原子爆弾……。「私たちが世界を丸ごと爆破できる力を手にしてしまったら、それは行きすぎた進歩というものだろう」とライトが言うとおりだ。

アインシュタインは、その原子爆弾の発明に手をかしたことを悔いて、広島や長崎への原爆投下の後、アメリカを世界最強の存在へと押し上げたこの新兵器をただちに破棄するよう、政府にこう提言したという。原子から解き放たれた力は、何もかも一変させてしまったが、その一方で、私たちの考え方（マインドセット）だけはそのまま変わらないために、世界はいまだかつてない破局へと押し流されていくでしょう、と。

技術の進歩に対するこうした警告は、今よりもずっと変化がゆるやかだったはずの大昔から繰り返されてきた。たとえば、中央アメリカの古代マヤ文明の神話に基づいて書かれた『ポポル・ヴフ』という書物には、こんな話がある。

突然、ひき臼《うす》や炉や鍋といった道具たちがいっせいにしゃべりだす。おまえたち人間は、さんざん我々を苦しめ、いためつけてきた。「こんどはおまえさんたちの番だ」、

「おれたちの力を見せてやろう」、「おまえさんたちの肉を挽《ひ》いて、粉にしてやろう」、「火の上で焼いてやろう」……。（『暴走する文明』）

道具が、つまり技術が、まるで人格や意志をもっているようにふるまいはじめ、それを所有しているはずの人間に、反逆するという話だ。

もちろん、「進歩」という言葉は、物質的な進歩だけでなく、スポーツや芸術での「上達」や、人格や知性の「成長」などを指すこともできる。しかし、多くの伝統的な社会が人間の「精神的な進歩」に深い関心を寄せていたのに対して、現代へと近づくにしたがって、社会の関心はどんどん「物質的な進歩」の方へと傾いていったようだ。それでも現代人は、科学技術が発展するにつれて、人間性も高まるものと、たかをくくっているらしい。そして、相変わらず、未開人より文明人、そして途上国より先進国の方が、高級だと、今も多くの人が思いこんでいる。

でもちょっと歴史を勉強すればわかるように、技術と人間の精神性が並行して向上した例を見つけるのは容易ではない。逆に、科学技術の高度化が人間の貪欲さや競争心をあおるばかりで、むしろ、人間が本来もっているはずのよい面を損なってきたと、ぼくには思えてならない。

スモール・イズ・ビューティフル

『論語』(今から二千五百年前の思想家、孔子の教えを今に伝える書)の中に「過ぎたるはなお及ばざるがごとし」という言葉がある。「過ぎる」ことは「足りない」ことと同じようによくない。それ自体は無害なものでも、度を越すと害となる。ほどほどが肝心、といった意味だ。その点、現代社会はどうだろう。「足りない」ことばかりが悪者あつかいにされて、「過ぎる」ことはむしろ賞賛されているのではないか。

ここで、『スモール・イズ・ビューティフル』に登場してもらおう。それはE・F・シューマッハーの本(一九七三)で、その題名は「小さいことはすばらしい」という意味だ。シューマッハーがこの言葉で言おうとしたのも、「過ぎたるは及ばざるがごとし」ということだったのだ。

経済学者である彼は技術についてこんなふうに考えた。技術は人間がつくったものであるはずなのに、まるで独自の法則をもつ自立した存在であるかのように「進歩」を続け、いつのまにか、人間にも統制できなくなってしまった。その結果、この現代世界は短期間のうちに、社会の非人間化、環境破壊、資源枯渇という三つの深刻な危機に見まわれたのだ、と。

彼によれば、技術は「より大きく、より多く、より速く」という一方向に向かって発展する。その技術が支配的になった社会は、だから、大きすぎる、多すぎる、速すぎる、という三つの「過ぎる」に代表される「過剰」な社会になる。

「技術には自らを制御する原理がない」のと対照的に、自然界は「成長をいつどこで止めるかを心得ている」とシューマッハーは言う。その結果、自然界のすべてのものには大きさに限度があり、だからこそバランスがとれて、「過ぎる」ことがないのだ。とすれば、必要なことは、人間が制御することで、技術の暴走をくいとめ、もう一度人間に仕えるものに立ち返らせることだ、と。

シューマッハーはそういう技術のことを、「ちょうどいい技術」という意味で、「適正技術」と呼んだ。自然界や他の人々に迷惑をかけずに、ほどほどの便利さや快適さをもたらしてくれるような技術。ここでも、大切なのはバランスだ。人間もまた自然界の一部なのだから、全体のバランスを損なわぬように、人間にふさわしい小さな規模を超えないようにしなければならない。

もちろん、小さすぎるのもよくない。小さすぎる服は大きすぎる服と同じくらい困る。大事なのは「ちょうどいい大きさ」だ。ただ、シューマッハーはあまりにも「大きい」ことや「多い」ことばかりをもてはやす現代人に向けて、わざと「ちょうどいい小さ さ」という言い方をして、節度をわきまえることの重要さを説いたのだった。

スロー・イズ・ビューティフル

ぼくが『スロー・イズ・ビューティフル』という本を書いて、「ちょうどいい速さ」の代わりに「ちょうどいい遅さ」という言い方をしたのも、同じような理由だった。本書と同じプリマー新書の『「ゆっくり」でいいんだよ』という本に込められたメッセージも、あわてず、急ぎすぎず、自分らしい、人間らしい、生きものらしいペースで生きていこう、ということだった。

加速し続けるスピード、これもまた「進歩の罠《わな》」に他ならない。人類が最初に石器をつくってから鉄器をつくるまで三百万年近くかかったというのに、最初の鉄から原子力まではわずか三千年しかかかっていない。産業革命までの四千年間をかけて人類の経済は二倍に成長したが、その後は多くの国が数十年で富を倍増させるようになった。つまり、経済成長が百倍にも加速したということだ。この成長を可能にした石油は、二〇世紀に本格的に利用され始めたばかりだというのに、人類はもう埋蔵《まいぞう》量の半分以上を燃やしてしまったようだ。

技術的な進歩は経済成長を加速させているだけではない。本来、経済とは区別されるべき社会生活のあらゆる場面に、それは影響を与えずにおかない。もちろん、スピードアップするばかりの大量生産、大量消費、大量廃棄は、自然界全体にかつてないほどの変化を強いている。そして、圧縮された時間はますます大きなストレスとして人々の心にのしかかる。

「ある社会が享受する余暇の量は、その社会が使っている機械の量に反比例する」とシューマッハーは言った。たしかに、ぼくたちは時間を節約し、余らすために急ぎ、ハイテク機器を使う。でも、そうやって急げば急ぐほど、活動を効率化すればするほど、逆に忙しくなり、時間はなくなっていく。そして、その中に詰まっていたはずの貴重なつながりもまた消えていく……。

何もかもが過剰な世界のもう一面は、極端な時間の欠乏だ。今では、ぼくたちのほとんどが、自分のペースを見失っているのではないか。それぞれの家庭に、コミュニティに、かつて流れていたゆっくりとした時間はどこへいったのだろう。草花には草花の、虫には虫の、動物には動物の時間があることを覚えている人がどれだけいるだろう。

シューマッハーによれば、優しさとか思いやりといった人間の良い面は、ほどほどの規模のグループやコミュニティの中でこそ、発揮しやすい。集団の規模が大きすぎると、関係はだんだん、うすく冷ややかなものへと変わっていく。

これにならって、ぼくもこう言いたい。「小ささ」と同様、「遅さ」も「優しさ」と密接に関係している、と。「優しさ」は「遅さ」の中でこそ発揮される。逆に、適正な速度とは、「優しさ」を発揮できるほどの「遅さ」だ、と。

忙しすぎて、急ぎすぎていて、優しくなれないでいる自分。きみにも身に覚えがあるはずだ。そう、大切なものを大切にするには時間が必要なのだ。

前章でも見たように、ぼくたちは愛なしには生きられない。そのくらい人間はひ弱で、そのくらい愛は大切だ。その愛を育むのにも、たっぷりと時間がいる。だから、ぼくはこう言いたい。「ラブ・イズ・スロー（愛はゆっくり）」。つまり、相手のために、相手とともに、惜しげなく時間を過ごすことが愛なのだ、と。

その肝心の時間がない（！）とすれば、それは人生の危機にちがいない。しかも、その〝時間欠乏症〟が伝染病のように社会にまん延しているとすれば、それは人類にとっての危機だ。

困ったときはまず、大地からのメッセージに耳を傾けよう。それは「ゆっくりでいいんだよ」とぼくたちに優しくささやいている。その声を受けとったら、今度は、自分が送り手になるんだ。まずは自分に向けて、次に周りの人々に向けて。大人は子どもたちに、そして人間は自然に向けて、こう言ってあげよう、ひとこと、「ゆっくりでいいんだよ」と。

それは、遅さという「弱さ」を認め、受けいれてあげること。だから、こう言ってもいい。「弱虫でいいんだよ」と。

競争を超えて

柔和なものは幸いです。
その人たちは地を受け継ぐから。（聖書）

競争原理

「進化」や「進歩」について考えてきた。特に、それらの言葉に含まれている、「弱さから強さへ」、「劣ったものから優れたものへ」という〝傾き〟の危なっかしさについて。この章ではあらためて「競争」について考えてみたい。というのも、ぼくたちの現代社会では、「競争」こそが「進歩」や「進化」の原動力だと信じられているから。その意味で、「競争」もまた、前章でみた「進歩の罠《わな》」のひとつなのだ。

第1章ですでに述べたように、競争とは、同じ到達点や目標に向かって、同じルールや条件のもとで、競い合うもの。だからこそ、そこに「強・弱」が生まれ、「勝ち・負け」が成り立つ。そして参加するものも、見物するものもそこに楽しみを見出したり、励みを感じたりする。

そうした競争的な場が、社会生活の中にあること自体は、悪いことではない。しかし、そういう場には〝囲い〟が必要なのだ。その囲いがなくなって、社会のどこもかしこも競争の場になってしまったらどうだろう？　幼いときから競争の連続であるような人生は、はたして人を幸せにするか。競い合って他人を負かさなければ、幸せになれないような社会が、よい社会だと言えるだろうか。

当たりまえのことだが、勝つ人がいれば、負ける人がいる。十人いれば、たいがい勝者は多くて二、三人、あとは敗者だ。負けた人がつらいのは当然としても、ぼくたちが忘れがちなのは、勝者にとっても、敗者たちと同じ社会に住み続けることは決して楽じゃない、ということだ。「競争は競争を滅ぼす」という言葉がある。競争が進むにつれ、同じルールや条件のもとで競争できる相手が減っていく。そしてしまいには、社会の大多数が、いくら競争しても勝つ見込みのない状況に追いこまれる、というわけだ。

残念ながら、現代の社会の競争は、ますます加熱してきているように見える。それもそのはず、社会を、戦いの場と見なしたり、「弱肉強食」という自然界のまちがったイメージでとらえたりする人々が、今も、国の中心にたくさんいて、政治や経済や教育のあり方を左右している。

大人たちは、「この弱肉強食の世の中に、弱虫は生きていけないぞ」などと言っては、子どもたちを叱る。広告は、スポーツ選手や人気タレントを使って、人々に消費競争をあおり、人生そのものが勝ち負けをめぐる競争であるかのように描きだす。教育も競争だらけ、大人たちは「受験戦争」と呼ばれる異常な状態を何十年も正すことができない。

社会が競争化する最大の原因は経済だ。そこでは、企業も人も、「より速く、より大きく、より強く」を合言葉に、しのぎを削る。企業の事業計画は「戦略」、サラリーマンは「企業戦士」と呼ばれる。

世界中を舞台にして商売を展開するグローバル企業は、それぞれの「世界戦略」にもとづいて、「国際競争力」を高めるための有利な条件を整えるよう、自分の国の政府に要求している。

そもそも、グローバル化というのは、これまでのさまざまな制約をとり払って、大企業が自由にビジネスを展開し、最大限の利益をあげられるようなしくみを世界中に押し広げることだ。こうした「自由競争」の結果、世界にはますます貧富の差が広がり、少数の強い者と大多数の弱い者との間に大きな溝ができている。この世界に暮らす七十三億人が、一％の強者と九十九％の弱者に引き裂かれているというのが現状なのだ。やれやれ、これじゃ、〝競争にならない！〟まさに「競争は競争を滅ぼす」だ。

こんな競争まみれの世界にあっても、「勝ち負けを超えた世界」がどんな姿かたちをしているのかを、想像できるようでありたい、と願う。本書は、そのためのぼく自身にとっての学びの場だ。それがきみにも役立ってくれればうれしいのだが。

ブータンからの問いかけ

ぼくはブータンという国によく行く。面積は九州ほど、人口は七十万人ほどの小さなヒマラヤ山ろくの国だ。もう十五回以上行ったが、飽きない。いったい何にぼくはひかれているのか、それをずっと考えている。

「GNH」（国民総幸福）という言葉に好奇心をかきたてられたのが最初だった。きみはこの言葉を聞いたことがあるだろうか？　それはジグメ・シンゲ・ワンチュク第四代国王が一九七九年、二十四歳のときに初めて使った言葉だと言われている。経済の指標としてよく使われていた「GNP」（グロス・ナショナル・プロダクツの頭文字、日本語では国民総生産）をもじって、「P」の代わりに「H」を入れる。「プロダクツ（商品）」の「P」の代わりに、「ハピネス（幸せ）」の「H」を。だから「GNH」とは、一種の言葉遊び、平たく言えば「だじゃれ」だったのだ。日本語ではふつう、「国民総幸福」と訳されている。

この言葉が最初に使われたときのことを、ブータンで長く暮らし、第四代国王とも親交のある今枝由郎《いまえだよしろう》の話をもとに再現してみよう。キューバで開かれた国際会議の帰途、インドの記者たちに「ブータンのGNP（国民総生産）は？」と質問された第四代国王は「GNPとは何ですか」と聞き返したらしい。インドの記者たちはこれに対して、いや、知らないはずはない、あなたが出席したばかりの会議で、GNPは中心の議題だったのだから、と反論した。

すると国王はこんなふうに答える。「知っていることと知らないことは、人によって異なります。それでは逆に私の方からあなたがたにお聞きしますが、GNHを知っていますか？」記者団はもちろん知らない。国王は言う。「私がGNPを知らないことはありえない、とあなたがたは言うけれど、逆に、私が知っているGNHを、あなたがたは知りませんね」

では、その「GNH」とは何かとたずねる記者たちに、国王はその意味を説明し、「この方が、GNPよりも大切です」と答えて、会見を終えたという。

当時のブータンのGNPが世界最低クラスであることを記者たちはよく知っていたはずだ。それをわざわざたずねる、ちょっといじわるな質問に対して、国王はまっすぐ答えるかわりに、〝だじゃれ〟を通じてこう言おうとしたのだと思う。たったひとつの基準で人々を比較することができないように、GNPだけで国を比較したり、評価したりすることはできないんですよ、と。

一年間に生みだされた生産物やサービスの金額の総和を意味するGNPは、GDP（国内総生産）とともに、その国の経済の力を表すものとして使われてきた。それをよく承知の上で、第四代国王はこう言いたかったのではないか。お金で測られる豊かさは、必ずしも人々の幸福を意味しない。ブータンはGNPでは世界最低だとしても、なかなか幸せな社会ですよ、と。

競争という〝常識〟を疑う

世界にはふたつの種類の国があると考えられている。ひとつは「先進国」(デヴェロップト・カントリー、つまりすでに発展した国)、もうひとつは「途上国」(デヴェロッピング・カントリー、まだ発展や開発の途中にある国)だ。この区別はほとんどそのまま「豊かな国」と「貧しい国」という区別に重なるとされる。

まずおかしいのが、世界中の誰もが、「発展」というプロセスの中にいるとあらかじめ決められていることだ。しかも、「発展」の度合は、GNPやGDPというお金で測られる豊かさによって表すことができるとされている。「発展」の中身が最初から決められていて、「発展途上」とされた国は、それを自分で決めることができないかのようだ。

たとえば、「うちは軍隊をなくして、軍事費を福祉のために使えるようになることを発展とする」とか、「わが国では、国民の働く時間が少なくなって余暇が増えることを発展だと考える」とか、「自然と文化を大事にして、美しくて楽しい国になることを目指す」とか。

そんな独自の「発展」を目指す代わりに、世界のほとんどの国が同じ方向の「発展」で足並みをそろえる。ＧＮＰやＧＤＰを世界共通のものさしとして、その数値を増やすことを経済成長と呼び、それを社会の目標としてきたのだ。

さらに、おかしいのは、ＧＮＰやＧＤＰが高い「先進国」の人々の方が恵まれていて幸せであり、遅れている「途上国」の人々は不幸でかわいそうだ、と思われてきたことだ。そこでは、お金やモノの多さと人の幸せとがあっさりイコールで結ばれている。さらに、「途上国」がもっと発展して豊かになれるように、「先進国」は助けてあげなければならない、という考えも広まった。

さて、ここからはたんなるぼくの想像になるが、ブータン前国王の「ＧＮＨ」はこの「常識」に疑いの目を向けたのだ。「ちょっと待った。モノや金の豊かさと幸せは同じことじゃないでしょ⁉」というふうに。

「GNH」という言葉には皮肉もたっぷり込められているようだ。「先進国」と呼ばれる国々の経済的豊かさが、ひどいはた迷惑であることはすでに広く知られている。世界の人口の二割のリッチな人々が、世界中の八割の資源を使っている。だからこそリッチな国はリッチなのだ。

では、世界中が経済成長して、みんなが金持ちになればいい、と前国王は考えたのだろうか。いや、彼は知っていたはずだ。全世界が世界一豊かなアメリカの生活水準に達するためには、地球が四つも五つも要るということを。

また、前国王は、経済成長をめぐる競争が、いたるところで自然環境の破壊を引き起こしていることを知っていただろう。一九七二年には『成長の限界』という報告書が発表されて、このままいけば人類にとって破滅的な事態が起こるという予測が、急速に現実味をおび始めていた。

さらに、留学などの海外経験も多い前国王は、高いGNPを誇る「進んだ」、「豊かな」国々の人々が、ブータンのような「遅れた」、「貧しい」国々の人々よりも幸せとはかぎらないことを知っていたろう。それどころか、「先進国」には、貧しい国々には想像もできないような、さまざまな社会問題があり、不安、孤独、ストレス、精神的な病、絶望などを抱えた不幸せな人々がたくさんいる、ということを。

競争の〝土俵〟を降りる

それから三十年、ブータンは王制の国から民主主義（イギリスに似た立憲君主制）の国へと変身し、公布されたブータン初の憲法には「ＧＮＨ」という言葉が明記されて、国の基本的な方針となった。国連でも注目され、二〇一一年にはブータンが提案した「社会の発展に幸福という観点をもっととり入れる」という決議案が国連総会で採択された。「ＧＮＨ」が広まったのはうれしいことだが、ちょっと困ったこともある。「ＧＮＨ」というのが、ＧＤＰやＧＮＰのように、数字で表すことのできる指標だと思いこむ人、思いたい人が多いのだ。数字で表せない、つまり、計測できないものなら、経済学のような学問の対象にならないし、まじめにとりあげる必要はなくなってしまうというわけだ。

しかし、だ。第四代国王があの〝だじゃれ〟にこめた重要なメッセージが、「この世には計測できない大切なものがある」ということだったとしたらどうだろう。

ぼくは思う。「GNH」とは、GNPに代わる指標の提案ではない。経済という〝土俵〟に代わる、幸せという〝土俵〟の提案でもない。それはむしろ、グローバル経済競争の〝土俵〟に弱小国を引きずりこもうとする大きな圧力への抵抗であり、進んで〝土俵〟に乗ろうとする他の「途上国」への忠告だったのではないか、と。

ブータン政府は国際社会に向けて、幸せな社会とは、①持続可能な社会経済開発、②環境保護、③伝統文化の振興、④すぐれた政治、の四本柱からなる、と説明する。でも考えてみればすぐわかるように、自然の健全さを、その自然が人間に与えてくれる恩恵を、文化の活力を、その文化が人間に与えてくれる恩恵を、どう測れるだろう?

逆に、「測れるものだけを信じる」という心のあり方こそが、社会に深刻な問題を引き起こし、人間を不幸せにするのではないか、とぼくには思えるのだ。

祈りの装置

ぼくが過去十一年間に訪ねてきたブータンの村々では、豊かな生態系、盛んな自給型農業、家族の絆《きずな》の強さ、コミュニティに生きている助け合いの精神、信心深さ、伝統文化への誇り、など、日本ですっかり衰えたものが、まだまだ健在だと感じられた。そして、そのせいだろう、老若男女を問わず人々の幸福度はかなり高そうに見えた。だが、もちろん、それらを計測することなどできはしない。

それでも、ブータンという社会の幸せ度の高さをよく表していると思われることがいくつかある。そのひとつは、国中のいたるところで見られる祈禱旗《きとうばた》だ。さおに縦にかけられたダルシンも、ひもに横並びにかけられた五色のルンタも、風にひと揺れするたびに、そこに刷り込まれている仏教のお経を祈りとして宙に放つ。その効力を人々は信じているようだ。

これまたいたるところに置かれているマニ車も、時計回りに一回転するたびに、内蔵されているお経が、口で唱えるのと同じ効力を発揮する、と言われる。来世の準備に入ったお年寄りは暇さえあれば、回している。小川には、マニ水車がすえつけられていて、水の力で回り続けている。

祈禱旗もマニ水車も、最初は自分や家族の利益のためにそこに置かれたものだったかもしれないが、一度動き始めたら、もう、だれのための祈りなのかはわからない。そして、だれのためでもあるような祈りとして、年がら年中、休みなく、ヒマラヤの空に向かって放たれる。

そもそも、ブータンの人々は日々の祈りの中で、「生きとし生けるもの」、つまり、この世界の全生命の幸せを願うという。

そうやって発信される祈りの数を数えることはできないが、もしもそれを基準にするなら、ブータンはまちがいなく世界のトップクラスだろう。

もうひとつ、ブータン中どこでも見られるものに、かけ軸や壁に描かれた「仲良しな四つの動物たち」の絵がある。果実をつけた大木のすぐ横に、ゾウがいて、その上にサルが、そのまた上にウサギが、そのまたまた上に鳥が乗っているという絵だ。家庭でも、公共の場所でも、お寺や学校でも、とにかくよく目にするから、ブータンの人々はこの絵がよほど気に入っているらしい。

これにはいろいろな解釈があるようだが、ぼくがブータンで聞くのは、こんな話だ。まず鳥が木の種《たね》をここへ運んできて、ウサギが除草し、サルが肥料をあげ、ゾウが水をまいたり、木陰をつくったりしたおかげで、木はすくすくと育ち、しまいにたくさんの実をつけた。その実を、今こうして鳥がとり、下のウサギへ、サルへ、ゾウへと渡しながら、みんなで分かち合うことができたとさ。めでたし、めでたし。

またこんな説明のしかたもある。四者が語り合ってみたら、一番からだの大きなゾウよりもサルの方が、サルよりもウサギの方が、この木と長いつき合いだということがわかる。さらに、種を運んできた一番からだの小さい鳥こそが、一番の先輩だということになった。そこで、一番〝年下〟のゾウが下になって、自分より〝年上〟のサルを背中に、猿は自分より〝年上〟のウサギを、ウサギはさらに〝年上〟の鳥に敬意を表して自分の上に乗せる。こうして、上の鳥から下の動物たちへと果実を渡して、みんなで食べた。

何を基準にするかで、どちらが「上」で、どちらが「下」か、が変わってくる。同じように、「強弱」や「優劣」といった関係は、絶対的なものではなく、相対的なものだ。

ここにも、「勝ち負け」の二元論を超え、競争の〝土俵〟から降りるための筋道が見えている。

いずれにせよ、この絵には、動物たちが種《しゅ》のちがいを越えて、互いを敬い、協力し合って、自然の恵みを分かち合いながら平和に暮らす様子が描かれている。それが、家族やコミュニティ、さらには社会の理想的なあり方を象徴しているのだろう。この絵そのものが、一種の祈りだと言ってもいい。

幸せを計測したり、比較することはできない。でも、「GNH」というユーモアにあふれた言葉の中に、それを生み出したブータン社会の幸福度の高さが表現されているとぼくは思う。

「フェア」な世界へ！

瘦《や》せた土地に種が落ちて、それでもなんとか生き延びて、
人の見えないところで、いつかゆっくり樹木になっていく。
それが敗北の力……（鶴見俊輔《つるみしゅんすけ》）

「フェア」が人間をつなぐ

文化人類学者のデヴィッド・グレーバーがアフリカのある社会のことを紹介している。そこでは、何かをもらったり、借りたりした場合、その「借り」を返すときには、同等の価値のものを返してはいけない。借りたものに比べて、お返しはより少ないか、より多いか、でなければいけない。なぜかというと、同じ価値のものを返すと、貸し借りがなくなって、そこで両者の関係が終わってしまうからだ、と。

両者の間に「貸し借り」の関係があるかぎり、人間関係は続く。つまり、この社会では、「貸し借り」が人間をつなぐ役割をはたしている、と考えられているのだ。ぼくたちの世界では、ふつう、「借り」はさっさと返すべきものだ。しかし、この人々は、「借り」は悪いものではなく、人間が社会に生きていくのになくてはならないものだと、考える。「借り」の中身が何かには関係なく、「借りる」という行為そのものが大事なのだ。

そしてその背後には、こういう考え方があるようだ。自分という存在は、無数の「貸し借り」からなる網の目のようなもので、その網がなければ、自分は存在しないのと同じだ……。

しかし、だ。その「貸し借り」の関係が、一方的になったり、片寄ったり、固定的になったりしてはいけない。互いに、バランスをとりながら、依存したりされたりという相互依存の関係を注意深く維持していくことこそが、何より重要なのだ。でも、油断すると、一方に貸しが、他方に借りが増えて、人間関係のバランスが失われていく。さらに、それが強弱や上下の関係となり、しまいには固定的な支配/被支配の関係へとつながるだろう。

グレーバーによれば、この傾向に対する根強い警戒心が、伝統的な社会の人々の中に生き続けてきた。彼があげたアフリカ社会の例も、固定的で抑圧的な上下関係を巧みに回避しようとする、民衆の知恵を示している。

そもそも、ものを交換したり、交易したりするのは、たんに必要な物資を手に入れるためではなく、むしろ、モノのやりとりを通じて、人間同士のつながりをつくり、維持し、強めるためだったのではないか、と多くの人類学者が考えている。

きみは「フェアトレード」という言葉を聞いたことがあるだろうか?「先進国」の企業や消費者ばかりが得をして、「途上国」の生産者がいつも損をするような貿易(トレード)のしくみを改めて、もっと公正(フェア)な関係をつくろう、という国際的な活動のことだ。

ぼくはそこに使われている「フェア」という言葉が大好きだ。そこには、「強弱」や「勝ち負け」の二元論を超えようとする意志が感じられるから。

フェアは、だれかとだれか、何かと何かの間に成り立つ、関係性を表す言葉だ。これを「正しい」という言葉と比べてみるとわかりやすい。「正しい」は、自分だけでも成り立つ言葉だから、「ぼくが正しい」「いや、私が正しい」というふうに言い合うこともできる。そしてそれがケンカのもとにもなる。いや、それどころか、戦争のもとにもなる。実際、戦争では「わが国が正しい」「いや、正義はこちらにある」とやり合う。そして、結果はたいがい、勝った方（軍事力や経済力が強い方）が「正しかった」ことになる。

これに比べて、「フェア」はどうか。「ぼくがフェアだ」「いや、フェアなのは私だ」「いや、きみはフェアじゃない」などと言い合うのは、どこか変だ。自分だけではなく、相手も「フェア」だと感じるからこそ、「フェア」。つまり、「フェア」は双方の合意なしには成り立たない。相手がいればこその「フェア」、つまり、「お互いさま」なのだ。

「フェア」の可能性

すると、「フェアトレード」は、ちょっとおかしな表現だということになる。今ではトレードと言えば国と国との貿易を連想する人が多いが、もともとは、山と海の間、川上の村と川下の村の間など、地域同士、集団同士、さらには個人同士の間で行われる交易や交換のこと。その規模がどうであれ、トレードにおけるもののやりとりは、双方が

「フェア」だと思うから、成り立ったのだ。一方が「フェア」だと思わないのに、やりとりを強制すれば、それはもうトレードではなく、「搾取」か「強奪」だ。つまり、トレードとはその定義からして、「フェア」なのだ。

ではなぜ、「フェアトレード」などという活動があるのか。それは、現代世界で行われている貿易のほとんどが「フェア」ではなくなっているからだ。

たとえば、「先進国」の人が着る服のほとんどは「途上国」で作られる。服をつくる「途上国」の労働者の多くが、生活にかかる経費よりも安い給料で、しかも劣悪な条件の中で、選択の余地があるならやりたくないような重労働に従事する。

また、こうした服づくりが、環境に悪影響を与えていることも知られている。「途上国」の自然は急速に汚染され、資源は枯渇し、人々、そして生物の健康も損なわれる。

さて、こんな状態をきみはどう思うだろう。どう見たってフェアじゃないよね。でもこれらのことは、どれも法律で禁じられていることではない。それどころか、世界中で認められている自由な経済競争の一部なのだ。こうしたしくみの中で大きな利益を得ている企業はもちろん、おかげでファッショナブルな服を安く手に入れて喜んでいる先進国の消費者たちは、こう言うかもしれない。だれも強制されて働いているわけじゃない。「途上国」の政府も企業も労働者も、みんな「合意」の上でのことだから、これは「フェア」だ、と。

強い者がどんどん強くなり、弱い者がどんどん弱くなる。経済競争という枠組の中では、これもまた「フェア」だというわけだ。まるで「フェア」という言葉が、檻《おり》の中に閉じこめられてしまったかのようだ。

それを救いだして、また自由に羽ばたけるようにしてあげたい。そういう思いをもつ人々が始めたのが、「フェアトレード」運動だ。

「フェアトレード」が目指すのは、たんに生産者と消費者、田舎と都会、「途上国」と「先進国」の間の公正さではない。それは人間同士の間だけの「フェア」を超えて、人間と自然界との間、今の世代と未来の世代との間の「フェア」へと広がっていく。

生産者は消費者より、田舎は都会より、「途上国」は「先進国」より弱い立場にある。この両者の間のアンフェア（不公正）な関係を直していくことは大事なことだ。しかし、人間が無防備な他の生きものたちを、自分たちの都合だけで虐《しいた》げてきたことも忘れてはいけない。三千万とも言われる生物種の中のたったひとつにしかすぎない人間が、光合成による地球の生産力の四十％をひとり占めしていると言われる。自分勝手な人間のふるまいは地球を汚染し、その気象システムまで狂わせている。その結果、現在、地球史上六度目といわれる種の大絶滅が起こっている。人間以外の生物にとってなんとアンフェアなことだろう。

声なき声に耳を澄ます

また、弱い立場にあるという点で、未来の世代ほど弱いものはない。何しろ、どんなにひどいことをされても、まだ生まれていない生命は、抗議の声をあげることもできないのだから。それをいいことに、今生きている世代は、未来の世代が生きていくための絶対条件となる環境を壊し、彼らが利用する分の資源まで使い果たそうとしている。いったいこれ以上、フェアの精神に反することがあるだろうか。

生きものたちの悲鳴を、そして未来世代の声なき声を、聞き届けることができる想像力の〝耳〟をもちたい。そして、じっとその耳を澄ますのだ。

思い出すのは、ドイツの作家ミヒャエル・エンデの物語『モモ』で、時間泥棒から時間をとり戻すために活躍する主人公の少女、モモのことだ。彼女には別にこれといった特別の能力があるわけでないが、ただひとつ、相手の話をただじっと聞いてあげるという才能の持ち主なのだ。

これについては、すでに『「ゆっくり」でいいんだよ』で書いたのだが、もう一度、それをここで引用させてもらおう。

大ゲンカをした男たちもモモの前にやってくると仲直りすることができる。モモがやったことはといえば、ふたりがにらみ合いをやめて話しはじめるまで、ただじっと待つこと。そして話しはじめたら、じっと耳をかたむけること。

人間ばかりではなかった。小さな男の子が歌を忘れたカナリアをつれてきたときにも、モモは、その鳥がまた楽しそうに歌い出すまで一週間、じっとそばで耳をすましていなければならなかった。(辻信一『「ゆっくり」でいいんだよ』より)

「モモは犬や猫にも、コオロギやヒキガエルにも、いやそればかりか雨や、木々にざわめく風にまで、耳をかたむけました。するとどんなものでも、それぞれのことばでモモに話しかけてくるのです」（エンデ『モモ』より）

インドでは昔からこう言われてきたそうだ。口は一つなのに、耳が二つあるのはなぜか。それは、しゃべるより、よく聞くことができるように、と。よく聞くためには、まず自分の言い分と、それがよってたつ基準を、ひとまず横に置くことが必要だ。そしてそれが「フェア」であるための条件でもある。その上で、相手の言うことに耳をかたむけること。そしてさらに、世界のさまざまな声なき声を聞く耳をもつこと。それが「フェア」だ。

「弱さ」のジャングル

「うちゅうじん」という名の友人がいる。漢字で「宇宙塵《うちゅうじん》」。詩人で、パントマイマー、脳性まひという体の障がいをもっている。やはり『「ゆっくり」でいいんだよ』で紹介した彼の詩「がんばらないということ」には、障がいという自分の弱さを認め、受け入れ、抱きしめてあげようという気持ちがこめられている。それはまた、弱さを否定して強がったり、克服しようとして苦しんだりしなくても、いいんだよ、という人々へのメッセージだ。

彼がぼくにこう言ったことがある。「僕たち障がい者はどうせ負ける。肝心なことはどう負けるかだ」。「勝ち負け」の〝土俵〟に乗っているかぎり、障がい者は障がいのない人にかなわない。同じ「勝ち負け」の社会に生きてはいても、同時に、「勝ち負け」から自由であるような、生き方をしたい。たぶん、それが、宇宙塵の言う「どう負けるか」の意味ではないか、とぼくは思うのだ。

精神障がい者たちが互いに助け合って生きるコミュニティ、北海道浦河町《うらかわちょう》にある「べてるの家」でも、「弱さ」がキーワードだ。彼らが「理念」と呼ぶ一連の合言葉の中に、「弱さの情報公開」や「弱さを絆《きずな》に」がある。

あるとき、経済的な自立をはかろうと、心の病を抱える者同士が集まって一緒にビジネスをはじめることになった。そこで、ふつうなら、「自分は何ができるか」をもちよって事業の計画をたてるところだが、逆に、「自分には何ができないか」を話し合った。互いの「弱さ」を知り合うことで、では、どのように補い合い、助け合えるかが見えてくる。つまり、「弱さ」が絆となって、互いをよりよく結びつけるのだ。それ以来、「べてるの家」では、こうした「弱さの情報公開」が、仕事にかぎらず、共同生活の基本的な考え方になった。

「弱さ」が絆となって、人々を元気にしていくという姿を、目《ま》の当たりにしたかったら、千葉県木更津《きさらづ》市にある「井戸端《いどばた》げんき」に行ってみるといい。ふつうの住宅で老人のためのデイケア・サービスを行う、この「宅老所」には、「老い」という弱さにかぎらず、心身の病や障がいなど、いろんな生きづらさを抱えた人々も集まってきている。

はじめて訪れる者には、だれがだれだか、だれが世話されていて、だれが世話をしているのか、区別できない。そこには、「利用者」と呼ばれているお年寄り、常勤とパートのスタッフのほかに、「メンバー」と呼ばれる何だかよくわからない人たちがたくさんいるし、さらに、これらの人たちの家族と称する人たちも出入りしている。

認知症のお年寄りはもちろんだが、うつ病、統合失調症、失語症、さまざまな悩みを抱える人たち、心に傷を負った人たちなどが、ここにいる。スタッフに話を聞くと、みな口々に、助けられ、居場所をもらっているのは自分たちだ、と言ってほがらかに笑う。

こんな「ごちゃまぜ」のコミュニティーだから、当然、予想もできないことがしょっちゅう起こる。創設者で代表の伊藤英樹《いとうひでき》は、「井戸端げんき」の基本方針を「なんでもあり」の一言で表現する。

「ほかに行き場がないということこそ、ここに来るよい理由だ」と考える彼は、スタッフでも利用者でも「行き場を失っている人たちを優先的に引き取ること」を原則にしてきたという。彼は著書の中でこう書いている。

利用者とスタッフの区別を超えた、ごちゃまぜの人間関係の中でそれぞれが役割を見いだし、その人らしさを取り戻していく。社会に居場所のない人たちが自分たちで居場所を創造していく。

これに比べて、ぼくたちの住む社会はどうだろう。競争して勝った人に「居場所」を与え、負けて「居場所」を失った者は「自分の責任」だからと冷たくあしらう。そんな社会になっていないだろうか。でも、だれもが居場所をもてるということこそが、本来の社会の意味ではないのか?

「井戸端げんき」のある古い民家の玄関にはってある大きなはり紙には、「ウェルカム・トゥ・ザ・井戸端ジャングル」と書いてある。

そう、「井戸端げんき」は一種の〝ジャングル〟なのだ。ジャングルとは、もっとも高い生物多様性を誇る森のこと。その多様な生きものたちが、生態系としてのみごとなバランスをつくりだす。同じように、「井戸端げんき」という〝ジャングル〟でも、多種多様な弱さや生きがたさを抱えた人々が集まり、互いに助け合いながら、バランスをつくりだしている。

でも、考えてみれば、そもそも人間の社会とは、さまざまな弱さを抱えた人々からなる森のようなもの。いや、この世界全体が、それぞれの弱さを抱えた生きものたちからなる森なのだ。

弱さのジャングルへ、ようこそ。

おわりに

ここまで「弱さ」というテーマにつき合ってきてくれた、ねばり強くて、がまん強いきみのことだから、もうわかってくれているにちがいない。「弱さ」について考えることは、同時に、「強さ」について考えることでもある、と。

こう言ってもいい。「強さ」という言葉が混乱し、衰え、その本来の力を失っている時代だからこそ、一見、その対極にある「弱さ」という言葉について考える必要があるのだ、と。もう一度、「強さ」という言葉に輝きを取り戻すためにも。

その意味で、本書のテーマは「強さ」だったとも言える。

もともと、「強い」とは、何かがよくできること、好ましい状態にあることなどを意味したはずなのに、いつの間にか、その「強さ」という言葉の意味がねじ曲げられてきたらしい。

人間ならではの才能、人間としての良さやすばらしさ、そして、個々の人間が発揮する賢さ、優しさ、気高さ、心の広さ、美しさ、などの資質を表す言葉だったはずの「強さ」。しかし、今ではどうだろう。その言葉が意味できるのは、ほんの狭い範囲に限られてしまっているではないか。

では、そこからはみ出た分はどこへいってしまったのかというと、実は、その多くが「弱さ」の中に一緒くたに詰めこまれていたらしいのだ。その結果、たとえば、同情したり、共感したり、譲ったり、許したり、与えたりすることが、また、優しさ、慎《つつ》ましさ、謙虚さ、寛容さといった性質が、「弱さ」と見なされ、軽視され、時には蔑視や嘲笑の対象にされることにもなった。なんてもったいないことだろう。

でも、少し見方を変えるだけで、「弱さ」とは、宝物がつまった袋のようなものだということがわかる。その袋の中から、「弱さ」と見なされているいろいろな「もの」や「こと」や「ひと」をとり出して、吟味してみよう、というのが本書のねらいだった。

「弱さ」という袋の中に閉じこめられていた多くの宝物の中でも、ひときわ輝いているのが、「愛」だ。一見、「愛」なんてどこにでも溢《あふ》れているように見えるかもしれない。

でも、「弱さ」と同じように、実は、「愛」もまた日の当たらない端っこに追いやられ、孤立し、ひそかに傷ついているのが、現代の世界だと、ぼくには思える。「弱さ」と「愛」というこれらふたつの言葉の近さと親しさ。それもまた本書の大切なテーマだった。

そういえば、こんなお話がある。北米の先住民に伝わる話だというが、本当のところはわからない。

今からズーッと昔の地球。そこにはたくさんの生きものが生きていました。ある時、空からの声で、地球上のすべての生きものの種《しゅ》が、ひとつずつ呼ばれて集まりました。

空からの声はこう言いました。

「ここに集いし生きものたちよ、よく聴いてほしい。今から、地球上で最も弱きものが生まれてくる。その生きものは　自分だけで食べものを得ることができない。また、自分だけでは、暑い日ざしや冷たい風から、身を守ることもできない。

だから、ここに集いし生きものたちよ、どうか、力をかしてやってほしい。もしその生きものが、食べるものに困っていたら、草や実や動物たちよ、どうか、自分のからだを与えてやってほしい。もし、その生きものが寒さに震えるときは、動物は毛皮に、植物は布に、樹木は家になってやってほしい」

そこまで空からの声が話したとき、一羽の鳥がたずねました。

「その生きものの名は何というのですか」

空は答えました。

「その弱き者の名は、〝人間〟」

ここには、最も弱い存在としての人間が、同時に、大自然の思いやりと愛を最も多く与えられた存在でもあった、ということが語られている。「弱さ」と「愛」はこんなふうに、いつも裏と表の関係で、切り離すことができない。

もうひとつ、思い出すのは、ぼくの好きなヴィム・ヴェンダース監督の映画『ベルリン・天使の詩《うた》』。それは、地上の世界にやってきた天使が、人間の女性に恋をして〝堕《だ》天使《てんし》〟となる（つまり、天使であることをあきらめて、人間へと〝堕落〟する）という物語だ。

なぜ堕天使になるかといえば、人を愛するためには、自分にも身体が必要だから。そのために天使は、時間や空間に制約されず、永遠に生きられる「不老不死」の存在であることをあきらめるのだ。

こうして、身体を得た堕天使は愛する人になった。でも、その瞬間から、病気、老い、死といった、避けることのできない人間的な「弱さ」を抱えこむことにもなった。そうすることなしに愛は不可能だから。逆に、「弱さ」が「愛」を可能にしたのだと言ってもいい。

愛するために人間になる。人間として生まれてくる……。

きみも、ぼくも、愛するために人間として生まれ変わった堕天使なのかもしれないね。

＊

あらためて、この本を読んでくれた読者の皆さんにお礼を申し上げる。

『「ゆっくり」でいいんだよ』に続き、こうしてまた、主に若い読者に向けて本を書く機会をいただくことができてうれしい。本書を企画し、その後一年近くにわたってぼくを親切にサポートしながら、脱稿へと導いてくれた編集者の鶴見智佳子さんに感謝する。

若い頃には、うぬぼれが強く、負けず嫌いで、強がりだったぼくが、「弱さ」というテーマにそれなりに向き合えるようになるまでには長い時間がかかった。なんとかここまで来られたのは、ひとえに多くの「もの」「こと」「ひと」との出会いのおかげだった。ここに記すことはできないが、心の中でそれらのご縁をひとつずつたどりながら、その厚恩に感謝したい。

二〇一五年晩秋　横浜にて

辻　信一

参考文献

伊藤英樹『奇跡の宅老所「井戸端げんき」物語』(講談社、二〇〇八)
稲垣栄洋『弱者の戦略』(新潮選書、二〇一四)
井上ひさし「賢治の祈り」、『宮沢賢治』(ちくま日本文学3、二〇〇七)
井上ひさし「つめくさの道しるべ」、『注文の多い料理店』(新潮文庫、一九九〇)
今枝由郎『ブータンに魅せられて』(岩波書店、二〇〇八)
長田弘『世界は一冊の本』(みすず書房、二〇一〇)
長田弘『なつかしい時間』(岩波新書、二〇一三)
長田弘 詩集『人はかつて樹だった』(みすず書房、二〇〇六)
河合雅雄『子どもと自然』(岩波新書、一九九〇)
島森路子『ことばに出会う――島森路子インタビュー集2』(天野祐吉作業室、二〇一〇)
関野吉晴他『人類滅亡を避ける道――関野吉晴対論集』(東海教育研究所、二〇一三)
高橋源一郎・辻信一『弱さの思想――たそがれを抱きしめる』(大月書店、二〇一四)
竹村真一共著『新たな人間の発見』(岩波講座文化人類学第一巻、一九九七)
辻信一『スロー・イズ・ビューティフル』(平凡社ライブラリー、二〇〇四)
辻信一『スロー快楽主義宣言!』(集英社、二〇〇四)

辻信一『「ゆっくり」でいいんだよ』（ちくまプリマー新書、二〇〇六）
中沢新一「圧倒的な非対称」『緑の資本論』（集英社、二〇〇二）
中村桂子『科学者が人間であること』（岩波新書、二〇一三）
中村桂子「生命誌からみた宇宙」 http://www.jaxa.jp/article/interview/vol11/index_j.htm
宮沢賢治「注文の多い料理店」、『注文の多い料理店』（新潮文庫、一九九〇）
宮沢賢治「どんぐりと山猫」、『注文の多い料理店』（新潮文庫、一九九〇）
宮沢賢治「手紙四」、鶴田静『宮沢賢治の菜食思想』（晶文社、二〇一三）
宮沢賢治「氷河鼠の毛皮」『セロ弾きのゴーシュ』（角川文庫、一九六九）
宮沢賢治『宮沢賢治』（ちくま日本文学3、二〇〇七）
山極寿一『「サル化」する人間社会』（集英社インターナショナル、二〇一四）
ミヒャエル・エンデ『モモ』（岩波少年文庫、大島かおり訳、二〇〇五）
ダニエル・クイン『イシュマエル』（ヴォイス、小林加奈子訳、一九九四）
デヴィッド・グレーバー『資本主義後の世界のために――新しいアナーキズムの視座』（以文社、高祖岩三郎訳、二〇〇九）
ヴァンダナ・シヴァDVDブック『いのちの種を抱きしめて』（ゆっくり堂、二〇一四）
ヴァンダナ・シヴァ「「とも食い」というテロリズム」（週刊金曜日、二〇〇二）
E・F・シューマッハー『宴のあとの経済学』（ちくま学芸文庫、長洲一二、伊藤拓一訳、二〇一一）

E・F・シューマッハー『スモール イズ ビューティフル』（講談社学術文庫、小島慶三、酒井懋訳、一九八六）
E・F・シューマッハー『スモール イズ ビューティフル再論』（講談社学術文庫、酒井懋訳、二〇〇〇）
デイヴィッド・T・スズキ『生命の聖なるバランス――地球と人間の新しい絆のために』（日本教文社、柴田譲治訳、二〇〇三）
デイヴィッド・T・スズキ『きみは地球だ――デヴィッド・スズキ博士の環境科学入門』（大月書店、辻信一、小形恵訳、二〇〇七）
ゲーリー・スナイダー『野性の実践』（山と溪谷社、原成吉、重松宗育訳、一九九〇）
サン＝テグジュペリ『星の王子さま』（岩波書店、内藤濯訳、二〇〇〇）
ポール・ナダスディ「動物にひそむ贈与」、『人と動物の人類学』（春風社、二〇一二）
Stephen H. Buhner, *Plant Intelligence and the Imaginal Realm*
シドニー・ポラード『進歩の思想』（紀伊國屋書店、船橋喜恵訳、一九七一）
アシュレイ・モンターギュ『ネオテニー――新しい人間進化論』（どうぶつ社、尾本恵市、越智典子訳、一九八六）
ロナルド・ライト『暴走する文明』（日本放送出版協会、星川淳訳、二〇〇五）
映画『ただいま――それぞれの居場所』（監督・大宮浩一、二〇一〇）

chikuma primer shinsho

ちくまプリマー新書246

弱虫《よわむし》でいいんだよ

二〇一五年十二月十日　初版第一刷発行
二〇二三年　七　月五日　初版第二刷発行

著者　辻 信一（つじ・しんいち）

装幀　クラフト・エヴィング商會
発行者　喜入冬子
発行所　株式会社筑摩書房
東京都台東区蔵前二‐五‐三　〒一一一‐八七五五
電話番号　〇三‐五六八七‐二六〇一（代表）

印刷・製本　株式会社精興社

ISBN978-4-480-68950-4 C0295　Printed in Japan